U0032915

半小時
漫畫中國史2
兩漢魏晉很有事

陳磊（二混子）—— 著

目　　錄

總序

如果懂得更多一點，
看世界的眼光就會不一樣

　　二十歲之前，我是不看歷史的。我接受過完整的國高中歷史教育，但對此毫無興趣，唯一記得住的歷史事件是一八四〇年的鴉片戰爭，因為數字還算好記；至於我為什麼通過了那些年所有的考試，我只能說，團隊的力量是無窮的……

　　現在的我張口就可以噴出一堆年代來，比如：西元六一八年唐朝建立、一三六八年到一六四四年的大明朝、一〇九六年到一二九一年的十字軍東征、一三三七年到一四五三年的英法百年戰爭等等，偶爾在飯桌上小試身手，驚起一灘鷗鷺。

　　這當然應該歸功於我二十歲之後對於歷史的喜愛，雖然還沒愛得死去活來，但有問題沒搞明白時，我總會茶飯不思，這讓我有足夠的動力來了解更多的歷史知識。

　　不過我要說的不是這個，而是同樣的歷史，二十歲之後的我為什麼會如此感興趣？不管你信不信，原因是：二十歲時我在上大學，大學沒有歷史課。

　　我絕無意否定我們的歷史課教育，它普適、嚴謹，對於大

眾基礎教育來說，已經做得夠好了。我只是在想，能不能做到更好？如果跳出課堂，歷史會變成什麼樣？還會這麼高冷嗎？

我一直認為，一個人能把一門知識學到什麼程度，關鍵取決於他到底有多感興趣，除此之外都不太靠譜。

歷史是非常有趣的，我們先不談它到底能不能帶我脫離低級趣味、變身為純粹的人；光是通過它，就能讓我們忽然對世界恍然大悟這一點，便使我如痴如醉地迷戀。好奇心被滿足的一剎那，成就感爆棚，就是這麼簡單原始的快樂。但是在課堂上，它的表現經常不是這樣：它只是一門課程，學習它不是為了快樂，而是為了準備考試。

那麼問題來了：如果學習一件事情的主要途徑是死記硬背，誰會對它感興趣？ 後來我憑自發的興趣了解了歷史，你猜是因為什麼？

不管你信不信，是一個二戰題材的電腦遊戲。那是個極有趣的遊戲，可我發現我只懂傻乎乎地開槍，對於遊戲裡的人物、地名、時代背景毫無了解，於是我開始翻看二戰的歷史類書籍。結果發現，我不得不惡補一戰的歷史，才能看懂二戰；同樣地，如果不繼續往前了解，一戰的歷史仍然看不懂。我就像被好奇心牽著鼻子走的牛一樣，一點一點地往前學習，終於有一天，我發現我腦中一直混沌不清的那些歷史概念，變成了一根根簡

單清晰的脈絡；那些發生在身邊、很難理解的事物，在歷史上忽然都有了淵源。人對世界的困惑源於無知，如果懂得更多一些，看世界的眼光就會不一樣，這是知識的力量。但如同我因為電腦遊戲而迷戀歷史，你最好也能找到你的興趣所在。

這個學習的過程相當痛苦，我常常看到後面忘了前面，在無數個人名、地名之間顧此失彼，可是我最終都能把它們摸得還算透澈。不是因為要考試，也沒有人逼我，而是因為這實在太有趣了，我在課堂上從來沒發現歷史這麼有趣，我覺得我必須了解它。

所以發現問題在哪裡了嗎？歷史還是歷史，我們為什麼不讓它變得更有趣呢？

「半小時漫畫中國史」系列就是這種嘗試下的產物。我從相當枯燥的歷史類書籍裡學習到了很多知識，但我想並非所有人都有耐心和興趣這麼做。大家都活在這個時代的移動互聯網和碎片時間中，閱讀成為一種奢侈，可是知識從來都是不可或缺的剛性需求，不是嗎？很幸運的是，我從小愛畫畫，於是我有機會用更有趣的形式把這些知識表現出來，精心設計了大量漫畫、笑話和比喻，就為了能在尊重事實的前提下，把沉重的歷史變成一段段活潑的小品，在最大程度上吸引讀者。這個系列誕生於網路，獲得了許多網友的喜愛。他們說，在哈哈一笑

的同時，不知不覺地就懂了更多。這對我是前所未有的鼓舞，讓我堅信自己正在做一件意義重大的事情，今天這些內容變成帶著墨香的白紙黑字，看上去更加健康，也不用帶行動電源。

有必要說明的是，「半小時漫畫中國史」系列著重於從紛繁複雜、事無鉅細的歷史中抓出清晰的大脈絡，因此有很多無關的歷史細節被我有意略過，以免導致訊息冗雜而產生學習負擔，不是我偷懶。所以建議大家把這個系列看成了解歷史的入門內容，先清楚了歷史主幹，再去深入了解每一段細節，就會變得更輕鬆。

最後，我只是個愛好歷史的年輕人，還沒來得及積累深厚的歷史文化底子。在這裡感謝所有前人留下的智慧積澱，讓我在各種閱讀和學習中總結歸納出書中的內容，也感謝出版方的朋友們精心校對與為之付出的所有心血，但正因為是自己總結，難免出現謬誤和不嚴謹，貽笑大方，如果大家發現之後能給予提醒糾正，我將感激不盡！

一、大漢王朝之西漢流水帳

——這是個存錢 & 還債的故事

大漢王朝之西漢流水帳

　　關於中國歷史，我們之前已經扯到了楚漢之爭，大家現在都知道，老大哥劉邦戰勝了楚霸王項羽，建立了一個叫「**漢**」的王朝。

「漢」就源於當年劉邦的封地陝西漢中。

我們今天就來掰扯 ❶ 一下偉大的大漢王朝。首先，漢朝分為三部分：

	新朝	
西漢	（王莽）	東漢
約 200 年	約 15 年	約 200 年

當然你們別指望一篇文章讀完，混子哥不是那麼隨便的人。我們首先來把西漢這攤子事給捋 ❷ 明白了。

這就是我們今天簡單又粗暴的主題：

西漢流水帳

西漢總共十四個皇帝，但我們沒必要全記住，來，跟著混子哥念速記五字訣：

一、二、一、二、一

劉邦　　　文景之治　　　漢武帝　　　昭宣中興　　　漢成帝

　　三個獨角＋兩個組合，西漢那些事就讓你看得差不多了，是不是忽然感覺自己很厲害？讓我們用一句話來概括一下：

整個西漢，
都是在給漢武帝還債呀！

　　先從劉邦說起，他幹了幾件比較重要的事，首先是對**匈奴**。劉邦一當皇帝，匈奴笑了，當年被秦始皇趕到北邊很憋屈❸，心想終於來了個軟柿子。

　　結果呢，真的是個軟柿子。劉邦剛跟項羽打完仗渾身疼，哪有力氣跟匈奴玩？於是大漢就施展宇宙無敵大法：

　　　　送你新娘子，還我好日子！——和親

匈奴發現原來不玩命也能贏大獎，拉著妹子和幾卡車嫁妝像小鹿一樣歡快地回去了；大漢也發現原來人類的和平就這麼簡單，一個妹子幾床被子，婦女能頂半邊天。

於是以後只要和匈奴出點什麼問題，就安排和親。

關於匈奴，跟大漢相愛相殺幾百年，我們會在專門的〈西域篇〉裡介紹，這裡不過多提及。

再就是郡和封國並存，皇帝親自管轄的叫郡，交給諸侯管轄的叫國。

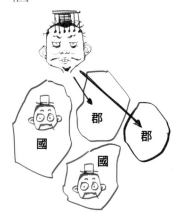

東周全是國，管不住，亡了；秦朝全是郡，底下一造反，連個諸侯隊友都找不到，亡了。

劉邦也懶得想，各學一半，這就是郡國並存。

還有，之前我們提到劉邦沒什麼愛心，上次砍了白蛇，當了皇帝又拿刀砍白馬，邊砍邊說：

以後只有我們姓劉的能當王！其他人靠邊！

行行行！答應你！但你砍我幹嘛？

這就是著名的「白馬之盟」

霸氣嗎？霸氣！

剛死就作廢了。

敗家媳婦呂雉帶頭拆臺，在新皇帝背後偷偷摸摸把持朝政，把呂家全家老小拉進來摻和國事。雖然呂雉自己沒命當皇帝，但一連送了三條皇帝命，後來她一死，呂家就被下面造反的人殺了個乾淨。

劉盈
劉弘
劉恭

客觀地說，呂雉多謀，
很有本事，治國還不錯。

一枚嶄新的皇帝誕生了——**漢文帝**，但我們一般不單獨聊他，而是跟他兒子**漢景帝**打包提及，為啥呢？

要兩粒一起吃，

才最好！

這就是著名的「**文景之治**」！

爺兒倆特別厚道，是有名的賢君，特別是漢
文帝，嫌浪費布料，都不捨得給老婆買衣服，
房子也不捨得裝修。能在節儉方面跟漢文帝
一決高下的皇帝，估計只有道光了。

誰敢比過我

「文景」搞的是道家無為而治那一套，史上難得地溫和仁慈，財富猛增，用
都用不完，錢庫裡串錢的繩子都放到要爛掉，富得流油。

施仁政的不一定是天使，他也有可能是漢景帝，七個姓劉的親戚組成聯盟造
反，三個月就被搞定，厲害吧？這事叫做「七國之亂」。

　　看明白沒？從劉邦到「文景之治」，大漢基本的策略是休養生息、人畜無害、綠色環保。誰知道剛有點錢，跳出來一個富三代：

漢武大帝——劉徹

是的，他是專門跑出來印證「富不過三代」這句話的。

　　頓時西漢的**「你看啥，找打是嗎？」**模式全面開啟，劇情瞬間進入高潮：

　　北邊誰？匈奴？衛青在嗎？打！

　　東邊誰？朝鮮？打！

　　南邊東越、閩越、南越又不老實了，打！

　　西南？那誰，司馬相如，去勸勸你們老鄉，不聽話就打！

　　反正就是給我死命打，打不過就去死，投降的不是男人！

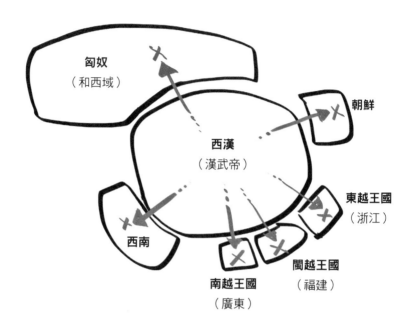

論如何跟漢武帝愉快地做鄰居

匈奴的威脅一直在北方高懸，忍了幾代皇帝，漢武帝可不是省油的燈，終於
對匈奴全面開戰。

傻孩子，你腦袋是方的嗎？
怎麼還搞不清楚形勢呢？
跟著我們大漢混，準沒錯！

司馬相如，四川人，偶像級大才子，深得漢武帝喜愛，讓他跑去西南搞外務，貢獻大大地，但最知名的，還是他和卓文君的八卦……

西南，雲貴川，有一堆小國家，還不是大漢的地盤，漢武帝派人跑去那兒踩點 ❹，一個叫夜郎的國家問：

大漢？多大？
有我們大嗎？

然後他們貢獻了一個成語叫「夜郎自大」。

　　漢武帝這麼厲害，當然不只會打人，管人也有一套。儒家早在春秋就有了，但因為在亂世沒派上用場，幾百年都不興盛。到劉邦當皇帝，因為教會了大家用各種姿勢點讚 ❺，劉邦開心得不得了，總算在朝廷給儒家留了點位置。

真正把它變成官方唯一指定教材的，是漢武帝。

那一年考試有個考生寫作文：

> 世上只有儒家好，
> 別的東西比不了。

> 喲不錯哦，
> 大家都學儒家吧！

從此中國開始獨尊儒家。

這個考生叫董仲舒，漢武帝很喜歡他，路過他墳前都要下馬徒步，這就是西安的「下馬陵」。

漢武帝時代，窮兵黷武，四處征戰，老了之後腦子也有點糊塗，跟秦始皇一樣夢想長生不老，然後就出事了。

> 人如果沒有夢想，跟一條鹹魚有什麼分別 ?!

當然了，漢武帝晚年醒悟，做了深刻的自我檢討，再不動干戈，不辱一代雄主之名。

這幾年面子是掙足了，家也差點敗光了，可是漢武帝命好，爺爺爸爸輩給他攢錢，還有小字輩替他還債。

這就是第二個黃金搭檔：漢昭帝 + 漢宣帝

請注意，他倆中間還夾了個皇帝，但只當了二十七天……

他倆除了繼續跟匈奴死磕 ❻，基本上還比較消停，老老實實不惹事，人民生活水平噌噌 ❼ 提高，記住這叫**「昭宣中興」**。

不過這次興盛也是西漢衰亡的開始，最後幾個皇帝都是來湊數的，混子哥獨把漢成帝提出來，不是因為他屬害，而是因為他是無能昏君的代表。

「燕瘦環肥」聽過嗎？這裡的「燕」就是他老婆——減肥楷模趙飛燕。

趙飛燕到底有多瘦？
據說她能掌中起舞，信不信由你。

混子哥插一句：
女生請勿盲目減肥，
健康才是王道！

到漢成帝時，西漢就快劇終了，最後幾個小皇帝要放電視劇裡就屬於畫外音❽介紹，連臉都露不起，各種七舅姥爺覥❾著臉干政，這就是漢朝特色──**「外戚政治」**。

我不知道你問我娘好了！
我不知道你問我娘好了！

每換一個皇帝，七大姑八大姨就湧上來瞎摻和，這破事就是呂雉牽的頭。

結果幾個皇帝的外戚都在換代後被殺個精光，呂家是這樣，霍家也是這樣，對，就是你們的男神霍去病家。

等等，不關我事啊，
我都去世了好久了！

漢武帝死前託霍去病的弟弟霍光給兒子輔政，由此霍家不知收斂，最後玩大了，被滿門抄斬。

最後幾個皇帝的外戚集團是太后帶頭的老王家，她姪子是個宰相，把最後一個劉姓的皇帝踹了，自個兒當上了皇帝。

轟轟烈烈的西漢王朝就這樣悄無聲息地全劇終了。

姪子，你這麼帥，我看好你哦！

加油！加油！

這個把皇帝踢下來的宰相長得特別帥，叫**王莽**。

好了，今天就到這裡，我們下章再接著嘮 ⑩：

王莽篡漢

二、大漢王朝之王莽篡漢

——集復古 & 革新於一身的作死大師

漢賊

大漢王朝之王莽篡漢

扯完了歷史上鼎鼎有名的西漢，我們來看看它的接班人。

一般來說，初級玩家知道西漢之後是東漢，但是到了中級，就應該知道中間還有個朝代叫**新朝**。

西漢　　　　　新朝　　　　　東漢

它常常被人無情地忽略，即便被人提起，也要被黑得面目全非。為什麼？因為它只有一個皇帝，皇位還是偷來的。

皇位正確的使用姿勢：
你可以搶，誰搶到歸誰；
但不能偷，誰偷誰是賊。

新王朝的皇帝**王莽**，多少年來不招待見 ❶，就是吃了這個虧。

我們今天表面上說的是新王朝，但因為它只有一個皇帝，所以其實真正的主題是：

王莽回憶錄

王莽能幹大事，因為他具備了成功人士的三要素：

智商高，情商高，努力早

西漢盛產「外戚政治」，就是老皇帝駕崩了，新皇帝還小，太后就帶著娘家人亂摻和。西漢最後幾個小皇帝都是來湊人數的，所有權力都在太后王大媽（漢成帝母親）手上，

老王家也因此雞犬升天，而王莽，就是王大媽的姪子。

混子曰：每個人都有幾個窮親戚，但王莽沒有。

王大媽娘家個個非富即貴，可是有一個兄弟死得早，就是王莽
的父親，所以王莽從小在家族裡也沒什麼地位。

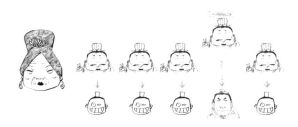

好在娃聰明，知道沒爹拚，玩命拚實力。

王莽對外謙卑好學、品德高尚，對內孝順檢點、無微不至，伺候長輩比親兒子還親，比起他們王家其他兄弟，絕對是純天然有機生態優質男神一枚。

叔叔大爺姑媽阿姨喜歡得不得了，逢人就誇他是好寶寶。

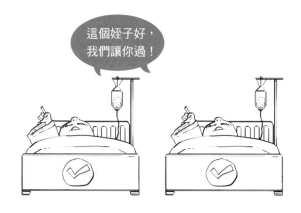

至少有兩個叔叔在死前極力向王太后推薦王莽做官。

從此王莽天天向上奮發圖強，從黃門郎一直幹到宰相。

當上宰相的王莽就開始顯露他的狼子野心，一面繼續營造自己慷慨知禮的完美男神形象，一面盯著皇帝的位子流口水。

最後大家都看好他的時候，他就順勢踹開小皇帝，自己上位，建立了新王朝——雖然十五年後，他自己也被人弄死了。

王莽的改朝換代未經暴力流血，西漢平靜地變成新朝，但據說他毒死過一位小劉皇帝。

好了，王莽的故事講完了，是的，真的完了，一部典型的五好❷青年黑化大反轉的勵志狗血劇，就這樣結束了。

就⋯⋯
就這麼完了？

可是王莽這個人，最勁爆的話題根本不是他的人生經歷，而是

他到底是不是從未來穿越回去的？

為什麼這麼說？是因為王莽的標籤有兩個：

復古 & 超前

一個人是怎麼做到既復古又超前的呢？

他首先得是儒家的。儒家每天喊什麼？世界很糟糕，三觀❸又壞掉，還是從前好！

然後還得加一勺
完美主義的情懷

哎呀，手滑了……

這樣他就會拚命創造一個理想世界，而理想世界正是人類未來的夢。

王莽就是這樣一個儒家學霸，同時也是一個以拯救世界為己任的男人，從當宰相就開始迫不及待地全面改革。

　　發誓要把新朝帶回他心目中完美世界的楷模——陽光燦爛的周王朝。

於是大興儒學，大改制度，這事整個歐洲一五〇〇年後才開始，叫文藝復興，王莽一個人早動手了，叫「**託古改制**」。

絕不可否認，王莽是個有情懷的超級天才，他的改革措施幾乎每一項都是科幻片，領先地球科技一、兩千年，讓人忍不住懷疑他是披著人皮的機器貓。

可是，治國有時候和超級大腦是不兼容的，當思想超前時代太多，就是無土之木、無源之水，翻譯成中文就是：

**步子邁得大，
　　容易累劈叉❹**

我們來看看他都幹了些啥：

一、貨幣改革

　　現在是新朝，你用漢朝的錢，是不是看不起我？於是換新幣。換就換吧，倒是想好了再換哪，換了四五次，市面上無數版本的錢，連破布條子、王八蓋子都能當錢使。

當年的有錢人假想圖

　　出門買根黃瓜，先跑去銀行排隊換錢。

您的號碼是 B3445
您前面還有 2594 人
過號不候。

　　一到晚上就不敢刷朋友圈❺，怕刷到小龍蝦❻。

銀行下班了，明天給行不行？

滾滾滾！

　　這還讓不讓人做生意了？
　　本來是想通過經濟改革大力扶貧，結果玩脫❼了，變成流通障礙，而且換一次錢，家產就縮水一次，這可怎麼辦？

二、人人平等

想不到吧？王莽是人權鼻祖，兩千年前就知道人人平等，直接廢除奴隸買賣，不容易。可是這步子又邁大了，存在的事物總有它的道理，像奴婢這事，你改可以，有話好好說，不要一上來就掀桌子對不對？

結果有錢人家裡忽然沒人幹活了

仲介忽然全倒閉了

最關鍵的是窮人忽然沒活路了！

　　一竿子高尚情操捅下去，一秒就出大事。

　　你知不知道，那個年代他們為了當打下手❽的混口飯吃，有多努力？

三、土地改革

這個不得了，土地收歸國有，居然兩千年前就幹出來了！可是剛才說了，地主壓榨百姓是不好，但你也要慢慢來，土地可是地主吃飯的活計，不能一下子讓他們連飯都吃不起。

搞不定地主，你拿什麼拯救窮人？牛皮吹出去了，現在又沒貨，你拿我們當傻瓜？

還說要恢復周朝「井田制」，啥叫井田制，這就是井田制：

這玩意就是當年傳說中的大招，太理想化，沒見誰放出來過。

得！有錢的沒錢的全得罪了。

四、市場改革

朝廷管制鹽、鐵、酒等，控制物價。

朝廷囤貨，商人一旦坐地起價，就馬上低價賣出，打擊哄抬物價。

朝廷控制貸款，借錢找有司，做生意的，連本帶利還；婚喪嫁娶，不用還利息。

哇！
老⑨厲害了！

酷不酷？

可是又來早了！有想法是好事，但自嗨就不對了。那個年代，朝廷囤貨進貨還得抱商人大腿，這麼搞是哪齣？

貸款這事呢？借多少錢幹什麼事，借多久還多少利息。

隨便一個都能把你算成植物人。

兩千年前你有理想有情懷有理論有計畫，然而並沒有用，

因為你沒會計。

以上只是列舉改革碰到的一些非常實際的問題，當然不是改革的全部，但可以看出來：

小王，你真的想多了！

所有人都盼著王莽這樣一個完美男神帶領大家奔向美好生活。

結果男神做起事來，完全不給力，這些改革搞得大家生不如死。更坑人的是，他還有強迫症，沒事就倒騰❶官名地名，要符合《周禮》精神，為了押韻，啥都能幹出來，孜孜不倦地改，上午剛定好的下午就變了，你說你煩不煩？

要改就關著門自己改，人家匈奴招誰惹誰了？好不容易歸順了大漢，王莽仗著自己是西漢接班人，跑人家地盤刷存在感，把人家直接降級，官印也要拿回來，人家能樂意？

類似的還有對朝鮮、西南各國，連人家國名都想改，那匈奴、朝鮮、西南各國哪一個會樂意呢？

於是大家又為這點破事打得頭破血流。

王莽一個讀書人，學別人打打殺殺，總還是有點吃虧，結果本來百姓就被改革搞了一肚子火，又被抓去打仗。

傳說中的複合型作死 ⓭ 大師就是這樣。

一般劇情到了這裡，妥妥地百姓要造反，連金牌編劇都編不出別的哏來，全國南北兩大勢力齊齊反水 ⓮。

北邊叫「**赤眉軍**」　　　　　　南邊叫「**綠林軍**」

全國形勢一片不太好。

故事的結局是，有一段時間到處鬧災荒，王莽請老天爺吃了個飯求幫忙，老天爺說沒問題。

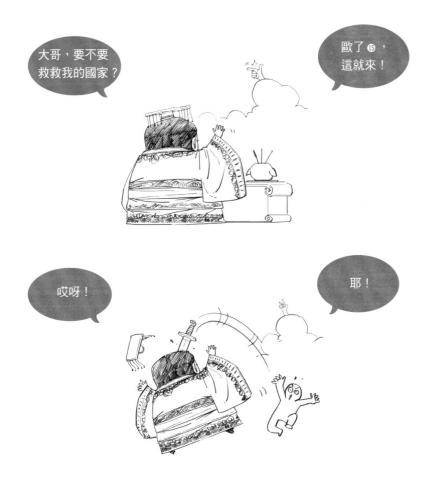

於是起義軍忽然衝進城裡，一刀捅死了他。

王莽和他的個人王朝**新朝**，就這麼終結了。

最後多句嘴，長得帥未必是好事，跟王莽一樣，腦袋被後人拿去收藏，你願意呀？混子哥是沒辦法，你們不要學我。

在「綠林軍」中，有個叫**劉秀**的，祖上是漢武帝的兄弟，也算皇親國戚，可是到他這輩已經混成了平民。就這麼個平頭小百姓，重新接上了中斷的大漢王朝，並且再度延續了它近兩百年的壽命。

我們下章接著說：

東漢故事

三、大漢王朝之東漢故事

——西漢續集 or 三國前傳？

大漢王朝之東漢故事

　　一般來說，中國歷史的朝代中，先後分為「西、東」兩段的，「西」指首都在現在的西安，「東」就指首都在洛陽。

提起西漢，每一個中國人都會瞬間進入高潮，劉邦、劉徹、文景之治，全明星陣容歷史大戲，高潮迭起，看得人大呼過癮。

而提起東漢，買一贈一的即視感分分鐘 ❶ 浮現，不是西漢續集，就是三國前傳，總之，存在感稍微有點弱。

不過再弱，也比王莽好點。

　　東漢真的是安靜的美男子嗎？當然不是，只是西漢和三國太銷魂了，你知不知道東漢為了讓大家注意到它有多努力？

好了，我們來看看：

東漢故事

上章說到王莽，好不容易當個皇帝，讓進城起義軍一刀捅死。

這起義軍裡有個人叫**劉秀**，祖上是漢武帝的兄弟，童叟無欺的皇親國戚，可是到他這輩，沒落成了一介草民。

這個劉秀，一開始跟著別人起鬨，後來因為動作太大，自帶的主角光環沒蓋住，一不小心當了老大，然後仗著自己姓劉，重新建立了一個漢朝，首都定在洛陽，後人管它叫**東漢**。

只能說老劉家都是鹹魚座的，必殺技：翻身。你看邦邦、秀秀、備備，哪個走的不是草根逆襲的路線？

東漢除了創始人劉秀，其他皇帝都不太出名，所以我們這次不以皇帝為線索，挦一遍皇帝你也記不住，還是直接來看看：

貫穿整個東漢的三大組合

皇家「F4」　　　　　老女孩　　　　　大草包 BOY

他們的時間關係大致是這樣的：

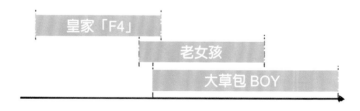

一、皇帝圈的業界良心：皇家「F4」

「光、明、章、和」四代皇帝都不錯，號稱東漢**皇家「F4」**。

光武帝　　　漢明帝　　　漢章帝　　　漢和帝

　　大家都是皇帝圈的業界良心，尤其是帶頭大哥光武帝劉秀，當年起義的時候各種生龍活虎，坐上龍椅一秒變安靜的美男子，不打仗，不勞民，不重稅，對老婆又好。

老婆，喜歡嗎？

劉秀這個人不簡單，在起義的時候，親哥哥讓人砍了，還要忍辱負重，笑臉相迎，抽空還娶了個漂亮妹子陰麗華。

雖然不像秦皇漢武開疆拓土，但劉秀真是一個好皇帝，死的時候還要說對百姓還不夠好，只能一死了之了。

中國好皇帝

後面這幾代皇帝都是大好人，對自己人像春天般溫暖，對敵人像在冬天扒他的發熱褲般無情，這事匈奴的體會很深刻，從戰國時期就專注跟中原相愛相殺的匈奴，終於被漢和帝踹飛了。

二、死灰復燃的釘子戶：老女孩

這個階段，好皇帝牌基本上打光了，剩下的連張花都見不著，東漢的行情開始看跌，漢和帝就是這個拐點❷。

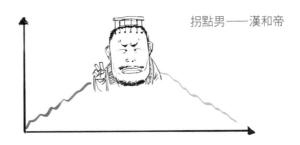

拐點男——漢和帝

一方面，國家治理得不錯，可謂勵精圖治；另一方面，大漢陰魂不散的「外戚政治」也是在他這裡死灰復燃。

吼吼！

東漢一開始，劉秀就料到親戚喜歡搞怪，故意不給他們機會瞎摻和，可是到了漢和帝少年登基，大字不識幾個，於是太后趁機帶著外戚們又殺回來了，第一個就是**竇太后**。

這一下子又開了親戚干政的先河，一連出了四個「太后 & 外戚」套裝，集齊**竇、鄧、閻、梁**四個老太太，就可以召喚無堅不摧的東漢女子組合：

老女孩

但我們不用一聽到外戚干政就鄙視，很多外戚還是很有本事的。當年劉邦的老婆呂雉就很有兩把刷子，竇太后他們家也是群星薈萃，光打匈奴，竇家就出了兩個牛人❸。

竇固 & 竇憲

東漢竇家和西漢霍家的經歷幾乎一模一樣，都是皇室外戚，都是打匈奴有功，又都是居功自傲，結局都十分慘。

　　鄧太后也是，她老公死得早，兒子又萌，沒辦法，自己上吧，結果發現原來老娘是女強人呀！又能治水又能打仗，整個一治國小能手。

　　結果玩嗨了，變成了太后釘子戶。

　　但是，這麼多外戚跟著太后輪流做莊，皇帝們就甘當吉祥物？

　　當然不是，不然你以為竇、鄧、閻、梁這四家最後都去哪了？

三、權力大了就想要要要：大草包 BOY

《三國演義》看過沒？東漢後面的皇帝基本上都是小寶寶，為啥？很傻很天真哪！

誰用誰知道

親戚們就喜歡利用小皇帝上位，獨霸朝政。小皇帝長大很不爽，想找人來幫忙，誰最合適呢？跟朝中大臣話也沒說過幾句，沒啥感情，還得往身邊找，一看身邊都有誰，不看不知道一看嚇一跳！

「大草包 BOY」組合——**宦官**

淡定淡定最淡定！

從來不激動！

湊合著用吧

這裡說明一下，宦官以前並不專指太監，只是宮裡的服務員，就是東漢的時候，宦官才全換成了太監。

皇帝一聲令下，外戚和宦官開始打架，BOY 們一個個生龍活虎，很厲害。

竇、鄧、閻、梁四家，竟然一家一家排隊被打得精光，家住洛陽的張先生記錄下了當時的場景：

自從給了皇帝們大大的驚喜，宦官們基本上達到了人生巔峰，翻雲覆雨，沒什麼辦不到的。

除了迎娶白富美

權力一大，人就容易要要要，但做為太監，很多東西要了也沒用，上哪找點存在感呢？於是就開始干預朝政。

你說你一個太監，干什麼政？

這就把有些人給惹毛了，就是當時的士大夫階層，因為他們相對來說比較正直，於是經常組團跟宦官不對付 ❹。

於是宦官們變著法地用誣告、陷害等手段迫害士大夫。

大哥大哥，這幫人在結黨，這是要造反！

這事沒完沒了地持續到東漢末年，叫**「黨錮之爭」**。

結黨士大夫和宦官代表團你來我往地火併了好幾個回合，無論哪一方，只要占了上風，都會立即痛下殺手，可見在真正見血的權力遊戲中，沒有儒者。

所以這第三個階段，基本上就是宦官多作怪。

好了，宦官正跟士大夫打得熱火朝天，下面忽然冒出來幾個人，說：你們先等等，

當然了，皇帝身邊十個人，個個都是這樣的貨色，這樣的天下還能不亂？

這群人腦袋上綁著黃布，自稱「黃巾軍」，這就是中國歷史上規模最大（波及全國）的一次農民起義——**黃巾起義**。

　　這次起義最終是被鎮壓下去了，但在鎮壓黃巾軍的過程中和隨後的時間裡，冒出來許多超級英雄，正所謂「高手在民間」，有賣拖鞋的、殺豬的，還有喜歡住鄉下的……

　　藉著打黃巾軍的升級經驗，這幫人個個都騷動起來，所以，造反雖然被鎮壓下去，但真正的亂世，

才剛剛開始。

　　黃巾起義結束後，東漢也走到了頭，宦官和士大夫下半場繼續對著幹。有個叫**袁紹**的男人，本來是個青年才俊，但腦子有點問題，為了徹底消滅宦官，從遙遠的西北叫來個胖子。

這就好比一群雞崽子搶米，

有隻笨雞非要喊豬來幫忙，

結果所有的雞都被豬一屁股坐飛了。

這頭豬叫**董卓**，後面的篇章還需要預告嗎？

悲劇啊！

好了，東漢故事就到這裡，混子哥很快就回來，
下一章我們來講講：

西域

四、大漢王朝之西域篇

——不是打人就是在被打途中

大漢王朝之西域篇

　　我們已經在前面把大漢王朝串成了一串糖葫蘆，想必大家對我們引以為榮的漢王朝有了完整的認識吧。

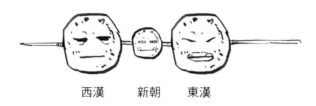

西漢　　新朝　　東漢

　　那接下來我們該扯什麼了？

每一個成功男人的背後，都有另一個黑他黑到想吐的男人，大漢王朝也一樣，活了四百年，有三百年在跟人互黑。

你是瘋兒我是傻，勾勾搭搭到天涯～

　　這個男人就是**匈奴**。

　　做為大漢愛恨交織的重點對象，我們必須專門來八一八 ❶：

　　大漢和匈奴，自己打情罵俏就算了，關鍵還有一堆倒霉催 ❷ 的小國家夾在中間，遭殃遭得死去活來，它們就是西域各國，大致相當於今天的新疆地區。

匈奴、大漢和西域各國的大致地理關係

　　大漢、西域、匈奴的故事，就像一團亂麻，長期處於茶餘飯後的談資❸重災區，不過沒關係，混子哥今天就把它給你捋明白了！

　　就一句話：

大漢匈奴打得歡❹，小朋友們很為難

我們好痛苦！

　　匈奴，中國北邊的少數民族，身體強悍，腦子簡單。就因為野蠻落後，一直惦記著中原的花花世界，春秋戰國時就老被他們占便宜。後來秦始皇狠狠揍了他們一頓，老實了幾年。

好了，我們來捋一捋：

匈奴和西漢的關係

西漢剛建立的時候，匈奴又跑下來得瑟❺，劉邦要休養生息，只能忍氣吞聲，送幾個妹子和親保平安。

實際上劉邦還是衝動過的，畢竟街頭出身，看不慣匈奴這個死樣子，在山西大同白登山跟人火併，被打得屁滾尿流，這就是衝動的懲罰——**白登之圍**。

好不容易撿條命回來，趕緊研發出了和親大法，再也沒敢跟匈奴打架。

這個休養生息的策略一直到漢武帝，總算是休到了頭。

ROUND-1：開幹啦！

漢武帝，刺兒頭 ❻，正受不了匈奴的氣，正好祖上默默地攢了不少錢，忽然底氣十足，二話不說就開始跟匈奴對幹了。

於是令無數迷妹鼻涕、口水齊飛的壯觀場面出現了：歷史優秀男神們立即組成男子天團**「抗匈聯盟」**，對匈奴發起總攻，輝煌戰果是奪取了河西走廊，把匈奴趕回北邊。

河西走廊是中原通往西域的通道，左右兩邊都是山，跟走廊一樣，以前是匈奴的片區 ❼，隔絕了漢朝和西域。

只有把它搶過來，才有機會讓西域臣服，這才有了管理這些小兄弟的西域都護府。

那些歷史教科書上的老熟人，就是這個時期冒出來的：

張騫通西域：漢武帝打匈奴前，派張騫跑到西域去拉幫手。

結果幫手沒拉到，出門就讓匈奴逮了，關了十年後逃跑，回家的時候又讓匈奴抓住關了一年，再逃回大漢的時候已經是個滄桑大叔，道上兄弟喊他「點背❽狂魔」。

但這是中原人初次踏進傳說中跟地獄一樣的西域，開啟了隱藏地圖，並且加了西域諸國為好友，以後組團打匈奴方便多了，其勇氣與意義不亞於哥倫布發現新大陸。

衛青、霍去病：這對舅舅外甥就不用多介紹了吧？

爺倆可是抗擊匈奴的好隊友，練得一手「抗擊匈奴的一百種方法」，把把到位，可是霍家也因為這些功勞最後犯了大忌，全家遭殃。

漢武帝極其喜歡霍去病，給他買了幢獨棟大房子，霍去病沒要，留下了千古名言：

匈奴未滅，何以家為。

李廣：飛將軍，結果不認得路，打匈奴的時候在沙漠裡迷路，不好意思跟人打招呼，自殺了⋯⋯

ROUND-2：倒霉喔～倒霉到了極點喔～

好不容易，漢匈都打累了，說別打了，過來請你吃烤肉吧，於是開始加好友，結果「點背狂魔2.0」登場——**蘇武**。

他和同事去匈奴那裡出差，結果同事變身不靠譜隊友，在人家的地盤上殺人搞事，大漢和匈奴剛要握手，順勢又改成互毆了。

蘇武就這麼莫名其妙地被牽連，被扔到北海去放公羊。

二十年後，漢匈又打累了，蘇武被放了回來，二十年間他死活沒投降，這就是**蘇武牧羊**的故事。

這一回合出現哪些名人呢？

李陵：西漢著名良將，這一回合打匈奴的時候被俘虜。

漢武帝很生氣，說：「他打了敗仗居然不自殺，是不是想當叛徒哇！還是不是男人，殺他全家！」逼得李陵直接投靠了匈奴。

　　這時候有人給李陵說了句好話，說李將軍不是那種人，結果被施以宮刑，他就是**司馬遷**。

ROUND-3：自作孽不可活！

多久，匈奴又犯賤了，這次欺負的是大漢在西域的小弟——**烏孫**。這不是沒事找抽❾嗎？這一次匈奴真殘了，被烏孫和西漢聯軍打得暈頭晃腦。

然後開始散架❿，最多的時候出來五個老大，最後留下南北兩個，南匈奴歸附了大漢，北匈奴繼續跟大漢作對。

ROUND-4：殺殺殺！逆我者亡！

一支漢朝遠征軍衝過去滅掉了北匈奴，這事當時引起了軒然大波，人見人怕的匈奴，竟然死的死、降的降。

遠征軍的首領叫**陳湯**，還留下千古名句，為這段歷史留下了一條振聾發聵的標語做為總結：

明犯強漢者，雖遠必誅！
明犯強漢者，雖遠必誅！
明犯強漢者，雖遠必誅！

重要的事情說三遍。

西漢和匈奴的歷史到這裡，就算是交代了。

西漢和西域的關係

　　西域一堆小國家，夾在匈奴和大漢兩個火藥桶之間，玩的就是心跳 ⑪，我們舉例來看西域小國的一百種死法：

CASE-1：站錯隊的：樓蘭

　　跟西漢最近的西域國家，跟著匈奴不學好，傻乎乎追著漢朝使節砍，被大漢衝過去暴打了一頓，跟玩似地。

CASE-2：小家子氣的：大宛

家裡有寶貝——汗血寶馬，死活不賣給西漢。不賣就不賣，何必動刀動槍的呢？結果又被西漢衝過去收拾了。

CASE-3：搞不清狀況的：莎車

　　莎車和西漢有和親關係，莎車的小國王是漢朝外孫，可是這孩子非常熊⓬，被弄死了。再熊也是大漢的外孫哪，啥也別說了，又去收拾了一趟。

CASE-……

匈奴和新朝的關係

時間一晃，王莽上臺了，攪屎棍來了，南匈奴歸附西漢，本來處得不錯，王莽上臺之後犯強迫症，非要降人家的級。

氣得匈奴又分裂出去，然後開打，結果才熱了個身，王莽就讓進城的起義軍捅死了。

匈奴和東漢的關係

東漢跟匈奴的關係很簡單，因為東漢建立的同時，本來只剩一半的匈奴，又啪啪分了兩半，南邊繼續歸附東漢，北邊繼續對著幹，所以東漢只需要對付四分之一個匈奴，結果就可想而知了。

東漢打匈奴，最著名的是豆豆組合——竇固 & 竇憲。

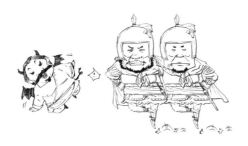

他們先後死磕匈奴，最後磕得匈奴拚命往西邊跑，這一跑，就從此消失在歷史記載中，東西兩漢跟匈奴鬥了三百年，這裡就是決勝局了。

WINNER!

匈奴人沒文化，不會寫日記，所以沒留下紀錄，所以沒有自己的歷史，被趕跑以後就消失了。

東漢和西域的關係

東漢剛建立的時候，自己也是國力羸弱，加上匈奴淫威還在，以前基本上聽話的西域小弟們又開始隨風搖擺。

這時候東漢冒出來一個人，分分鐘扭轉局面。

他到鄯善（前樓蘭）出使，帶著小弟衝到驛所放火紅燒匈奴使節，鄯善直接
嚇壞了，瞬間倒向大漢。
這個故事名字就叫**「不入虎穴，焉得虎子」**。

哎呀，你個死鬼！何必
這麼認真呢，人家還是
愛你的呀！哈哈哈……

這種簡單粗暴到令人髮指的做法，實在是**太刺激了！！**

這個人就是投筆從戎的西域總督**班超**。

還有個國家叫于闐，巫師慫恿國王投靠匈奴，又被班超一刀砍掉腦袋，類似的事跡多得要命。

班超有力地維護了東漢在西域的權威，同時還帶著很多小國抵抗外敵，可以說，西域這攤子事能解決，都是他的功勞。

後來東漢衰弱，除了班超父子，歷任西域總督基本能力不行，西域又慢慢退出了漢朝的勢力範圍，大漢王朝和西域的關係也基本上到此為止。

好了，關於大漢王朝在西域的那些糾葛，就是這麼回事。足夠你拿出去炫耀一陣子了，不客氣！

五、三國之前戲要做足

——男神大賣場開市囉！

三國之前戲要做足

救……救命！

一提三國，大家已經開始要吐了，所有中國人都熟得要喊救命的一段歷史。

可是今天混子哥還是要冒著被集體智慧碾壓的危險，勇敢地站出來給大家重新梳理一遍。

此處應有發自肺腑的掌聲！請腦補。

這都是為了什麼？

誰不想做個從一而終的男人呢？

來都來了，
扯完就算。

中國歷史那麼長，三國就是暑期檔。

一大把歷史偶像都瞄準了這時候出來混人氣，於是在大家看來，三國整個就一**男神大賣場**。

$3.00　　　$4.00　　　$5.00

他們聯袂演繹的英雄傳奇實在是高潮連連，以至於我猜很多同學可能並沒在意三國這段歷史到底咋回事。

所以，混子哥今天要讓部分的同學失望了，我們照例不去贅述那些爛大街 ❶ 的男神傳奇，只挑最關鍵的脈絡。

混子哥終於到我了！

東漢末年分三國！就這麼回事！

　　東漢末年分三國，這句話沒錯，但稍微粗淺了點，可能導致遊戲版本太低，建議重裝。

　　我們首先來簡單地統觀一下全程：

東漢末年

董卓亂政

群雄割據

三國鼎立

　　是的，你至少要描述到這個程度，我們才能愉快地做朋友。

　　東漢末年發生了兩件大事：
　　外面**黃巾起義**；裡面**太監逆襲**。

黃巾起義，沒多久就覆滅了，但它帶來一個隱患：起義不是一個地方起，而是全國各地一坨一坨起。

朝廷自己忙不過來，只好跟各地的地方官說，來來來，給你們放權，自己招人維穩吧。結果起義是掐掉了，各地官員也級別普漲，有了自己的軍隊。男人有了兵，就像女人化了妝：**膽子肥了**。

太監逆襲，朝廷裡的太監身殘志堅，興風作浪地和士大夫花樣 ❸ 互毆。

最後十個太監同花順，管不住士大夫一對二：

對了，這就是缺心眼二人組：**何進 & 袁紹**

故事是這樣的，這對二人組一商量，本來想碰撞出智慧的火花，結果火花沒出來，腦花灑了一地：

何將軍，不如咱們找個外援來幫忙吧！

溫馨提示：

嚴格地說，何進將軍是皇帝親戚，也算是外戚集團，但為了敘述方便，我們把他算在士大夫隊伍裡好了。

朝廷裡這點破事，非從遙遠的涼州把董卓喊來打太監。

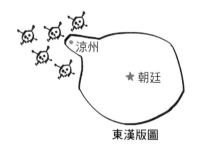

東漢版圖

記得大漢西北的**河西走廊**嗎？董卓的涼州兵整天就擱那裡面對彪悍的西域諸國，其特點是：只要能動嘴，一定上手。

結果董卓還沒到，何進先讓太監團砍死了：

豬隊友也是隊友，袁紹很生氣，於是帶著小弟把太監砍個精光。

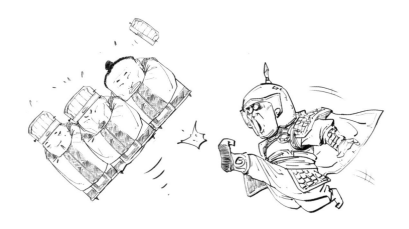

大漢朝的宦官作亂時代，到這裡就算結束了，當然，問題才剛剛開始。

　　殺完了，下班了，董卓來了，仗著自己的涼州兵團，賴下不走，自封為相國，操縱小皇帝。

　　就好比供應商沒到，自己一手滑把工程幹完了，最後錢還得照付，你看袁紹這事辦的。

　　可是董卓大家都熟，無敵大惡霸，朝廷官員紛紛逃走出去看世界，包括**袁紹**和一個叫**曹操**的朋友。

劇情發展到這裡，局勢開始一分為二：

朝廷內 & 朝廷外

朝廷外邊，剛說了，各地官員正在培養自己的部隊，朝廷亂成一鍋粥，自顧不暇，於是大家迫不及待地把自己院子圍起來，慢慢地就變成了軍閥。

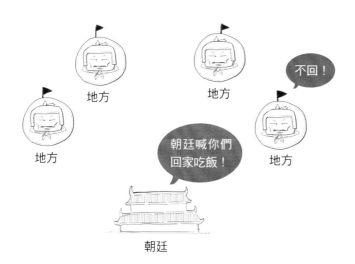

從朝廷裡跑出來的**袁紹**和**曹操**也開始闖天下，群雄割據就這麼來的。

朝廷裡邊，好嘛，從董卓開始換風：

董卓，史上難得的百分之百差評哥，殘忍好殺、性格成渣，這也就算了，還是個死胖子！

給我記住，
三分鐘出鍋！

這種角色放電視裡就是著名的兩集死，製片人都救不了。

董卓一來，好傢伙，立刻把首都從洛陽搬到長安，勞民傷財，為非作歹。

師傅，漂亮
小姑娘要不？

不久，董卓就被一個朝廷老官整死了，這就是一把年紀還堅守在第三產業婚介第一線的**王允**王大爺。

這個故事的關鍵，是一個美女，叫**貂蟬**。

王允把她許配給董卓的乾兒子**呂布**，轉手又送給董卓。

最後為了治療貂蟬的選擇障礙症，呂布一刀捅死乾爹，王允順勢上位成了 CEO。

呂布認董卓做乾爹前，就已經殺過一個乾爹，這是一個用生命在做逆子的男人。

溫馨提示：
貂蟬事件，歷史是沒有正式記載的，多是戲說，大家外出侃大山 ❻ 的時候注意點。

沒幾天，董卓的兩個小弟——李傕、郭汜跑來報仇，殺掉王允，兩個馬仔 ❼ 雙雙翻身做了主人。

所以當時整個國家局勢大概是這樣：

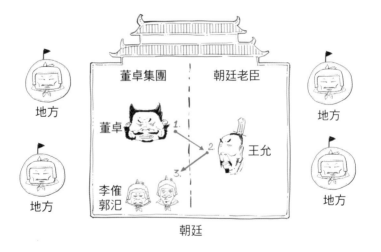

朝廷重臣輪流做莊，地方割據占山為王。

兩個人都是二貨❽，本來就是小概率事件，最要命的是，李傕、郭汜還是同款二貨，其危害請參見近親結婚。兩人還在蜜月期，就開始玩一種叫做「搶皇帝」的對抗遊戲。

　　一個搶到手，另一個咋辦？看看宮裡還有啥！

　　一堆老大臣，得，總比沒有強，大家都得上！

　　於是百年難得一見的奇葩場景出現了：一個掐著皇帝，一個掐著幾百個老大臣，每天幹仗。

　　沒幹幾仗又握手言和出來擼串❿，皇帝和百官趁機逃回洛陽，李傕、郭汜忽然覺得有哪裡不對，又手牽著手一起追過來，所幸最後小皇帝半路碰到好人家護送，還是逃了回來。

但逃回洛陽又怎樣？一點用都沒有，洛陽辦公室早被董卓燒了，從此朝廷威風掃地，幾乎再沒人在意他們了。

我們說「幾乎」，是因為還有一個人，跟別人想的都不一樣。所有人都想單飛，巴不得皇帝趕緊死遠點的時候，他跑回來把皇帝抱走了。

放下，叔叔把我放下……

這個人就是**曹操**

曹操自從離開朝廷，自己也搶了塊地盤準備創業，但他精明得很，皇帝是啥？

吉祥物啊！

放家裡驅蚊避暑，
牽出來賞心悅目。

雖然他自己沒啥本事，用來刷臉還是杠杠地 ⓫。

你們再厲害，表面上還是臣子，還有倫理綱常，皇帝吱一聲，多少還得給點面子，以後沒事就把皇帝掏出來，還不讓大家都聽他的？

　　這就叫**挾天子以令諸侯**。其實，令諸侯是假，令不動就代表皇帝消滅你，這才是目的。就這一步，曹操的政治智慧就甩了大家二十八個袁紹的距離。

袁紹本來是官員裡最有威望的青年才俊，家底厚，實力強，如果抓小皇帝來代言，妥妥地天下無敵。可惜不夠聰明，光顧著跟公孫瓚爭奪華北地區。

說到這裡，很多人不滿意了：混子哥你扯了半天，我的男神天團**劉備集團**呢？讓你吃了？

拜託，你們劉皇叔還在忙升職呢！

你看那群雄割據的一個個的，**孫堅、袁紹、劉表、曹操**，有哪個不是有過硬的背景和出身？劉備集團呢？說出來都抹眼淚：

賣拖鞋的、殺豬的，這會兒剛從集市收攤、拜完「**桃園三缺一**」的把子，四處給人當馬仔混飯吃呢！

大哥，以後搓麻將怎麼辦？湊不齊呀！

所以綜上所述，三國可不是一兩天就鼎立的，只有搞清楚這些雞飛狗跳的前戲，才能了解後面的故事。

在目前局勢下，三國創始人們現在的情況是這樣的：

天下四分五裂亂糟糟，
孫家打下江東樂陶陶，
曹操抱著皇帝牛哄哄，
劉備到處蹭飯赤條條。

如果大家捋清楚了的話，好戲才要開始：

三國之三大戰役（上）

下章分解！

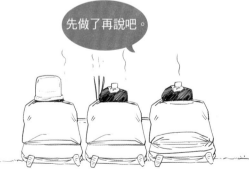

六、三國之三大戰役（上）

——誰人燒的烏巢？哪裡來的東風？

三國之三大戰役（上）

三國的前戲做完了，下面開始進入洶湧的「百團大戰」時間。

前面說到，董卓胖子千里迢迢跑來朝廷，結果因為一個貂蟬，最後被人捅死還點了燈，留下一個不足惜的淒慘結局。

董卓滿肚子肥油，
死了被人拿來點燈，
燃燒了自己，
照亮了別人。

和一個雞飛狗跳的爛攤子：

霹靂一聲震天響，
官員變成山大王。

全國各地的官員都成了軍閥，大家都是純爺們，有了槍桿子第一件事幹嘛？你猜？

這段時期《三國演義》寫得天花亂墜，其實沒多複雜，打來打去其實就幾個片區爭第一而已，不信混子哥給你比劃一下：

我們大致分為北、中、南三個片區：

北：**馬騰韓遂**常約飯　**袁紹**死磕**公孫瓚**；
中：**曹操**玩命砍**陶謙**　**劉表**手滑捅**孫堅**；
南：**張魯劉璋**不對付　**孫策**玩轉江東區。

瞬間清晰了有木有 ❶ ？
大家沒什麼業餘活動，吃飽了飯就出來約架：

但真正影響局勢的，是由亂局開始並逐步促成的**三大戰役**，貫穿三國最重要的時期，大家了解了它們的來龍去脈，這一天到晚明槍暗 biu biu biu 的三國時代，也就這點事。

No.1　官渡之戰

群雄割據發展到抄傢伙對砍，結果就是互相吞併，誰強誰地盤大。全國這麼多軍閥，大家還在你好壞你好壞的階段。

有人已經各自完成兼併，真刀真槍脫穎而出了，他們就是北方的絕代雙驕：

曹操　　&　　**袁紹**

袁紹，以前是朝廷負責監督工作的領導，祖傳的高管❷，除了智商其他都挺高，跟何進引狼入室，看著 hold 不住了，趕緊跑路出去邀了一幫兄弟，殺回來跟董卓對拍。

這就是「十八路諸侯討董卓」的**關東聯軍**。

溫馨提示：
啥叫關東聯軍？河南陝西之間有道函谷關，西邊叫關西，東邊叫關東。

但據說「諸侯討董卓」不假，「十八路」卻數目不實，大家請注意。

關東聯軍挺著槍就衝了過來，結果一分神沒憋住，蔫❸了。

袁紹雖然是高管，但管理能力很差，身為帶頭大哥，搞事業不帶頭，揩油倒是很積極，大伙組團「搞董」，他趁機薅❹人家公孫瓚的地盤。

所以不但沒把「搞董」這事辦好，還惹得大家紛紛內鬥，智商和人品跌成這樣，最後只能崩壞了，大家各回各家，各找各媽，散夥。

關東聯軍算是黃了❺，但袁紹自己搶地盤還是可以的，散夥後他在河北發家，最後擊敗了公孫瓚，變成了北方一哥。

再說曹操，曹操就是低配版的袁紹，一樣混朝廷負責安全工作（級別低一點），一起從朝廷裡逃出來。

又跟著袁紹的關東聯軍回來打董卓，散夥之後，自己也收了點兒黃巾軍殘黨，在河南山東一帶發跡。

> 還是跟著
> 曹操好。

本來他在諸多軍閥之中也就是個路人甲，但上回說過，曹操隨身攜帶小皇帝，經常施展**「挾天子大法」**。

附近的勢力紛紛跑來求關照，不但地盤越來越大，還成了皇帝代言人，檔次一下就上去了。

　　既然大家都這麼神乎，一山不容二虎，哥倆終於在一個叫做**官渡**的地方撕破了臉。袁紹本來是有優勢的，壞就壞在他兒子是親生的，本來有機會取勝，他卻說：

　　父愛如山，袁紹隨後又把謀士許攸逼得跳槽，結果他直接帶著曹操把自家祕密大食堂（屯糧的**烏巢**）燒了。

曹操光著腳迎許攸的故事大家都知道，結果許攸實在是個不上道的，仗著自己這點不光彩的功勞，老在曹操面前耍小性子，最後被砍死了。

食堂都沒了，還打個毛哇！於是袁紹大敗，官渡大戰就這麼結束了，它的結果就是：

南方各家還在亂搞，北方幾乎全部歸曹。

好吧，西北還有個老馬家，
還在歲月靜好，先不管他們。

No.2　赤壁之戰

可是曹操老奸巨猾胃口大，光占著北方不夠，南方也必須要。那我們看看南方主要都有誰？

荊州啃鴨脖的**劉表**，
和江東吃點心的**孫權**

曹操第一個要幹掉的就是劉表，結果還沒幹，劉表老頭就先死了，曹操輕鬆占了荊州一大片。這一腳踩上來沒關係，倒把一路人馬給擠了出來，你猜有誰？

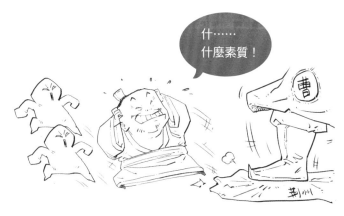

還有誰？

當然是著名的桃園組合：**TY BOYS──劉備集團**

　　簡單地介紹一下**劉備**，表面上這哥們是個純天然草根，從市井底層幹起，拉了些兄弟主動參加打擊黃巾軍的活動，從此進入仕途，但是在那個年代，你們都懂：

當官沒地盤，純粹鬧著玩！

　　劉備只能帶著兄弟四處窮遊，給人打零工，說出來都要抹眼淚。其實他真正的身分，說出來嚇死你：

到徐州**陶謙**那兒，陶謙死了；
到**袁紹**那兒，官渡之戰，沒幾天袁紹也歇菜❻了；
去荊州**劉表**那兒蹭幾塊鴨脖吃吧，劉表又玩完了⋯⋯

收留過劉備的，最後基本上全蹲在路邊吃便當⋯⋯

有活下來的沒有？有！

曹操 & 孫權
（倖存二人組）

陶謙把徐州讓給劉備，結果沒守住，被呂布趕到了曹操家，曹操拉他喝酒吹牛，說了句：

現在這世道，
就咱倆英雄，
我看好你哦！

謝⋯⋯謝謝
大哥⋯⋯

當時劉備就嚇壞了，覺得曹操肯定要弄死自己，趕緊又跑去袁紹家，這就是「煮酒論英雄」。

一語成讖改變歷史系列……

　　所以綜上所述，劉備的真實身分，是上天派給英雄們的**考驗**。誰是真英雄？咱不來虛的，先養個劉備試試。

剋不死的，
才是真命英雄。

在劉表這裡蹭了幾天飯，便宜雖然沒占到，但劉備總算遇見了真心人：

計算能力超強又經久耐用，邀請一次，造福兩代人，輔佐完你接著輔佐你兒子的業界良心——**諸葛亮**。

好了，言歸正傳，曹操一來荊州，劉備哥們幾個又嚇一大跳，正要跑路，吭哧 ❼ 吭哧跑來一個人，說：劉哥你淡定，咱別跑了，咱跟他幹！

魯肅，江東集團 boss **孫權**的心腹，他和諸葛亮一拍即合，領著劉備跟孫權組團，**孫劉聯盟**成形，一起對付曹操。

然後又該打仗了。

兩邊人馬抄傢伙在**湖北赤壁**槓上，這個故事的細節不用多說，曹操北方人，一打水仗腦子就容易進水，把戰船刷上油連一串，就想強迫症一把清一色。

誰知諸葛亮悶不吭聲早聽牌了半天。

聽牌聽牌……

自摸自摸……

和了！！

　　一場東風颶過，孫權放一把大火把曹操連起來的戰船燒了個透，號稱幾十萬大軍，就擱這裡打了水漂。

好吧，諸葛亮「借東風」這事當然是戲說而已，但是那個季節本來是不該颳東風的，偏偏就在當天起了東風，也是活該曹操倒霉。

　　赤壁之戰打完，天下形勢更加明朗了，曹操退守北方，暫時只能偃旗息鼓。而在南方，孫權和劉備各自單飛，這種情況就是傳說中的，你若安好，我還搞啥！所以⋯⋯

　　要不，
　　咱還是下次再扯吧。

敬請關注：

三國之三大戰役（下）

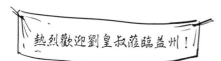

熱烈歡迎劉皇叔蒞臨益州！

益州**劉璋**

哎呀呀，聽說皇叔下章就來咱們四川了……

心情好激動……

挪一挪，又要來人了……

七、三國之三大戰役（下）

——男神大走鐘，鮮肉變燻腸

三國之三大戰役（下）

　　三國三大戰役，咱們已經扯完**官渡**和**赤壁**，這兩仗大家都挺熟。

　　但到了第三仗，男神大變樣，鮮肉變燻腸。

　　該老的老，該死的死。

　　大家也就沒啥熱情了。

　　這種只看臉的歷史觀，是不可取的，其實這第三仗才意義重大，因為這個時候，三個片區才真正地升級到**三國**。

所以之前劈里啪啦砍了半天，都是自由放飛地打鬧。

赤壁之戰以後，曹操灰溜溜地回到老家，天空失去顏色，悲傷逆流成河，再也不敢隨便南下找碴了。

那南邊呢，大家萍水相逢，逢場作戲而已啦！
孫權劉備有感情，全靠曹操欺負銀（人）。
曹操在，哥倆就是**小夥伴**。

曹操一走，好了，**立馬對著幹：**

赤壁打完，荊州沒人管了，劉備、孫權、曹操三家把**荊州**瓜分成大致這樣：

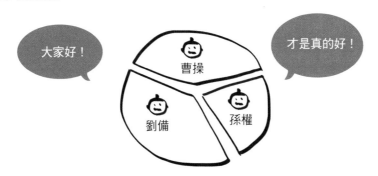

天下的局勢大概是這樣 (非嚴格比例)：

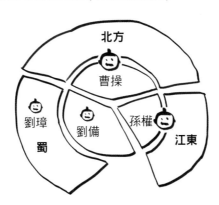

本來應該沒啥事了，可是劉備嫌自己這塊地沒什麼用，不好發展實力，要問孫權再借一塊地。

孫權本來不借，後來一琢磨：

劉備得瑟也挺好，碰到曹操一塊搞。

於是這一借，就借出了最後一仗：

夷陵之戰

故事是這樣的，劉備借到荊州，馬上就有客戶找上門來：四川的劉璋，一個正宗的錘子❷，死活要請他來談個項目。

只見皇叔運氣非常不錯，直接占了別人的地盤，從此終於有了一塊上檔次的根據地——**蜀地**。

那荊州咋辦？關羽留守。

於是天下又變成了這樣：

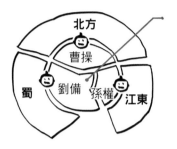

這一小塊荊州，就是劉備
向孫權借的。
（可與前圖比較）

所以我們說劉備是上天派來的測試員你別不信，如果**蜀地**是硬
碟，**荊州**是記憶體——

顯示卡：**趙雲**

音效卡：**張飛**

處理器：**臥龍鳳雛雙核 CPU**

　　好吧，雖然這時候鳳雛已經掛了，但是這樣的配置你上哪說理去？

　　關羽從此變身牛皮糖，賴在荊州不走，孫權派人來要地，死活不還，釘子戶已經不能形容他的風騷，他簡直是膨脹螺絲。

　　這就是著名的**「劉備借荊州，有借無還」**。

這話其實並不準確：
第一，劉備借的是荊州孫權片區的一小塊，
不是整個荊州。

第二，借來的那塊是沒還，但劉備後來還了兩塊別的地盤，所以後來孫權來找事，不只是因為地盤。

而是一個紅臉綠冠大漢每天拿一把大砍刀住你隔壁，太嚇人了！你會不會想除掉他?!

從地理上看，曹操在關羽正上方，這種位置關二爺不能忍，於是衝出去跟曹操幹，曹操說：二爺你牛，當年我對你不薄，連寶馬都給你了，能放點水不？關羽說：行，放就放。

哎呀！
放多了！

於是**水淹七軍**，打了個大勝仗。

可是這個勝仗，代價有點大：

出門溜達一圈，回家房子讓人給薅了。

趁關羽跟曹操懟得歡，孫權的小弟呂蒙帶著兄弟們穿著便服坐船潛入荊州，
輕鬆得到了關羽的地盤，這就是**「白衣渡江」**。

對頭！要不起！

記住了：「白衣」是穿便服，裝平民，不是穿白色的
衣服。
不然你渡一個試試。

鬼呀！

關羽丟了荊州，趕緊奔四川去，結果在一個叫**麥城**的地方讓孫權的小弟逮住砍了。

一代傳奇關二爺，就這麼死了，這就是**「大意失荊州」**和**「敗走麥城」**。

關二爺死了沒關係，可要了劉備的親命了，當時就要過來跟孫權玩命。

哎呀！

結果還沒動身，**張飛**又讓手下弄死了。

鐵三角一下子變光棍，當年的誓言言猶在耳，實在唏噓。

劉備這時候已經基本上失去理智了，親自帶著小弟跟孫權在一個叫夷陵的地方決鬥，這就是三大戰役最後一仗**「夷陵之戰」**。

劉備在四川待久了，走到哪身上都帶著麻辣串的味道，比如這次打仗，非要把所有兄弟連成一串。

就是所謂的**七百里連營**，連曹丕（此時曹操已經死了）都看不下去了。

果然，孫權這邊有一個非常狡猾的智多星：**陸遜**，最擅長用萌萌的書呆子外表裝人畜無害。

劉備衝到城門口罵了他幾個月，他還是很淡定，等到劉備罵累了，跑到林子裡避暑，陸遜猛地衝出來放火。

七百里連營一條龍，
燒得紅紅火火。

　　劉備就此大敗，逃到白帝城，心塞塞地，一命嗚呼了，後面的
事全部交給了諸葛亮。

溫馨提示：
劉備的故事告訴我們，創業一定要選對合夥人，自
己已經是個掃把星，就不要一開始就挑兩個兄弟叫
「關張」了。

　　這就是夷陵之戰，在這次大戰的同時，發生了一件大事：

　　曹操珍藏了多年的小皇帝，讓他兒子曹丕一腳踹掉。曹丕建立了**魏國**，四百年大漢王朝正式滅亡。

　　然後劉、孫緊接著稱帝，建立了**蜀國**和**吳國**。

請注意時間：

夷陵之戰，發生在蜀國建立和吳國建立之間。

雖然三國的故事大多從黃巾起義開始講，但真正的三國，是這個時候才開始建立的。

夷陵之戰以後，三個國家誰也搞不定誰，就這麼僵持了四十多年，這段時期就叫**三國鼎立**。

在這段時間裡，就諸葛亮沒有閒著，一直在忙著做事，發現自家地盤上的蠻夷心思有點活絡了，就經常不厭其煩地接過來表示慰問。

比如精通受騙之術的萌萌地**孟獲**。

還動不動去北方騷擾老曹家……

這事叫做北伐，但北伐幾次，諸葛亮啥也沒撈著，正愁著，忽然就在陝西一個叫**五丈原**的地方有了收成。

「欸？一盒便當！」

終於有一天，穩定又被打破了，曹家後代守不住家業，辛辛苦苦建立的魏國，結果成了自家馬仔的傀儡，這個馬仔就是**司馬氏**。

注意，這裡只是控制曹家，還沒取代曹魏。

司馬家上來第一個挑蜀國開刀，老劉家這時候頂梁柱基本上全倒了，就剩劉備的傻兒子劉禪，沒啥好說的，直接滅掉。

　　完事後，司馬昭請他出去玩，玩嗨了。

　　這就是**樂不思蜀**的典故，不知蜀國老帥哥們泉下有知，做何感想。

　　滅完蜀國，司馬氏回家一手滑，把老東家曹魏滅掉，自己當老大，起了個新名字，叫**晉**。

老曹家不會想到，他們也跟當年自己手上的東漢小皇帝一樣，讓小弟端了個乾淨。

　　還剩下江東吳國，孫權已經死了，現在的老大是他孫子**孫皓**，殘忍無良，也是一個活不過兩集的角色。那就劇終吧，於是司馬氏衝下來，吳國滅亡。

據說算命的跟孫皓說，你會被人抬著進洛陽，孫皓很開心，以為要當皇帝了，結果最後真的被人抬著抓到洛陽去了。

　　三國故事的大結局就是這樣，曹、劉、孫三個大佬❺整得轟轟烈烈，結果合夥給別人做了嫁衣裳。歷史就是這麼幽默。

　　不過分裂了幾十年的中原總算重新統一了起來，雖然這個新的統治者──晉──實在是不咋的。

一般來說，一個朝代總有幾年是牛哄哄地，不在開頭就是中間，晉朝比較特殊。
司馬一家早在兩千年前就證明了，基因是可以遺傳的。
不然怎麼會從頭矬到尾？

大哥啊，不說就咱倆英雄嗎？

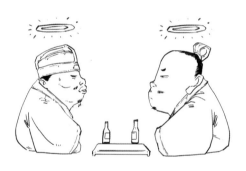

就咱倆死得早，你看人家孫權，還沒來！

還敢吹牛不？

八、三國之哪兒來的東風

——如果那個冬夜，東風不來……

說了這麼多歷史，

咱們來扯點別的……

三國之哪兒來的東風

　　三國這段歷史就這麼過去了，大家知道總體脈絡就好，不過讀完三國那些事，是不是總覺得有哪裡不對勁？

　　一種意猶未盡的感覺無聲又無息，出沒在心底對不對？

　　那到底是為什麼？

　　三國時期發生的所有故事，都有來龍去脈、有理有據，唯獨一件事，始終是一樁懸案，那就是：

赤壁那場著名的東風，
到底是哪兒來的？

咋，還要啊？
再給你借點？

來人哪！把這個
二愣子拖出去！

明明是人家周都
督自摸的東風！

根據正史，赤壁之戰應該是東吳周瑜的功勞，跟諸葛亮沒啥關係。

好了，所以今天表面上是歷史課時間，但關於這場**神祕的東風**，其實混子哥是來做科普的：

首先風是啥？

地球表面有些地方賊❷冷，空氣凍成了狗❸，摟在一起往下墜，形成**高氣壓**。

還有一些地方賊熱，空氣熱成了狗，紛紛往上升，形成**低氣壓**。

氣壓高的地方擠得難受，於是一群空氣相約往氣壓低的地方跑，這一跑，就變成了風。

所以有冷有熱，就有風。

我們簡單地把地球上的風分為兩個級別：

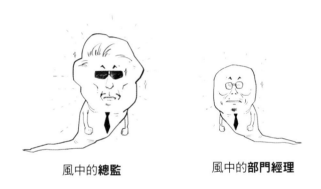

風中的**總監**　　　　　風中的**部門經理**

這個級別不是指風的大小，而是指尺度。故事是這樣的，太陽一上班，就呼地球一臉熱。

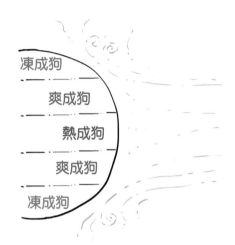

但地球臉太圓，
這就導致呼不均勻，
有些部位永遠熱，
有些部位永遠冷。

於是地球上根據冷熱不同，
分了幾大片區，永遠都有一
股風在各片區之間來往：這
就叫做大氣環流。

至於為什麼有這麼多環，咱
們下次再聊。

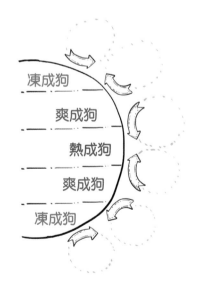

再加上地球只往一個方向轉，一拉偏就形成了固定的風向，所以在每一個片區，都有一個風中大佬，相當固執，長年堅持風向不變，說啥都沒用。

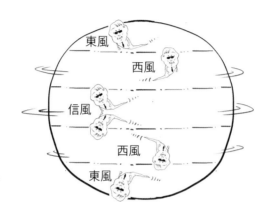

它們就是**信風、西風、東風**，只要地球不停轉，它們就永遠指揮著全世界的基本風向。

大家聽我口令！

這種全球尺度的風，
就是風中的**總監**。

信風、西風、東風的原理，地理課都學過，但如果已經忘光了，那我們再找機會細說，假如不幸在飯桌上遭遇這個話題，請記住用炫技專用詞：

一定技驚四座。

這些總監厲害吧？

沒‧有‧用！

大公司待過沒？地球那麼大的公司呢？

總監們只能在大方向上喊喊口號，一到具體地方，還得聽部門經理的，尤其是那些情況比較複雜的部門。

這些部門經理叫**季風**。

有些地方地形多樣，有山有水，季節不同風向就不同，這種地方颳的風，就叫季風。

而總監到了這裡，就一句話：

強龍難壓地頭蛇

亞洲就是受季風影響比較大的地方，尤其是中國，夾在一大坨陸地、山巔和海洋之間，我們看下地理位置就知道了：西北是整個歐亞大陸；東南是廣袤的太平洋。

有海洋有山巔，就能颳季風了？你咋不颳羊癲瘋呢？

是這樣的：
一碗飯端上來，一會兒就涼了；
一碗開水端上來，過好久還能燙死豬。

這說明一個問題：
水比固體（陸地）淡定，冷得慢，熱得也慢。

這東西叫做**比熱**……好吧，無所謂了……反正就是這麼個特點。

所以季節一變，冬天陸地涼透了，海水還以為是夏天，是你你瘋不瘋？

夏天陸地熱透了，海水還以為是冬天，是你你瘋不瘋？

所以明白為啥冬天要喝西北風了吧？西北方向的一整塊大陸已經冷透了啊！

所以明白為啥夏天海邊涼快了吧？海水還沒從冬天反應過來，還涼著呢！

好了好了，說了這麼多，咱們終於進入了主題：

赤壁颳的東風是咋回事？

答案就是：

我也不知道！

我哪知道兩千年前
哪裡颳來的風啊？

不過，懂得了以上那些基本原理，赤壁那陣風到底哪裡來的，就並不是那麼神祕了對不對？肯定跟地形有關嘛！

有山有水，冷熱不均，就容易有風。

據說當年曹操跟周瑜他們的位置是這樣的：

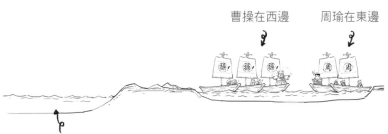

曹操在西邊　　　周瑜在東邊

坑就坑在曹操後面這灘子湖水上了！

我們假設當時確實是這個樣子，那麼可能是這麼回事：赤壁之戰是在冬天，天天颳西北風。

曹操也是文化人，當然知道這點，所以敢把船連在一起。

結果曹操忽略了一點：這裡是**周瑜**的主場，他沒事就在水上操練，早就被這一片多變的氣候虐出了斯德哥爾摩症候群。

赤壁之戰當天，天氣晴好，於是可能太陽挺猛，

把曹操後面這灘湖水燒熱了。

　　一到晚上別的地方吧唧 ❹ 一下透心涼，結果湖水還是熱騰騰，再加上可能**白天**西北風颳了一天有點累，走不動了。
　　於是情況就變成了這樣……

這種跟季風原理類似，由水陸溫差引起的風，叫**湖陸風**。

當然了，這只是諸多猜測的一種而已。

不管什麼情況，東風都不可能是跟老天爺借來的。

所以，赤壁之戰告訴我們一個顛撲不破的真理：

要相信科學，
沒有什麼老天爺。

好了，三國的歷史我們就扯到這裡了。

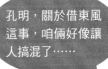

九、兩晉之西晉有點亂

——臥底＋敗家，是不是感覺要出事了？

兩晉之西晉有點亂

　　精采的三國時代已經結束，男神們已經全部退場，咱們收收心，進入一段亂糟糟的歷史時期。當年在課堂上對我們造成的巨大傷害，就是現在回想，也不禁兩腿發軟。

　　對，混子哥也一樣，這就是：

兩晉

　　什麼，它還能比三國更亂？

　　呵呵！

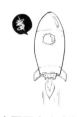

中國歷史大多數時候
學習起來是這種感覺

學到三國
大概是這樣

這是兩晉……

好了沒關係，今天混子哥跟大家一塊來消除心理陰影。

話說三國的男神們你方唱罷我登場，獨領風騷了整整兩代人，最終還是扛不住「分久必合」的基本設定。合本來是件喜聞樂見的事，可是一不小心全塞到了**司馬**家的盒子裡了。

走你❶！

中原重新統一起來建了個新的王朝，叫**晉**。

　　所謂兩晉，指**西晉 ＆ 東晉**。一開始首都在洛陽，史稱**西晉**；沒幾年國家丟了一半，首都改到建康（今江蘇南京），史稱**東晉**。

　　這其中經歷了大概這麼幾個階段：

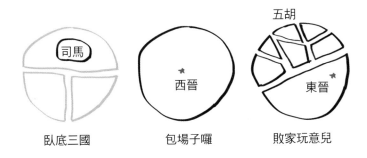

臥底三國　　　　　包場子囉　　　　敗家玩意兒

　　晉朝是中國最另類的一個朝代，它的特點是：事情多，時間沒人長，麻煩比誰都多，每一個階段都很鬧心 ❷，從來沒消停過。所以說歷史是如此地無情，天下紛爭、亂局叢生，根本沒人顧及它將產生的惡劣影響：

好了，不廢話，大家扶穩坐好，我們來嘮個十塊錢❸的：

臥底三國

首先我們回到三國時代，曹操有多厲害大家都知道，但他在繁衍後代的時候跑偏了。

結果就是子孫遠不及自己，而且逐代出現負增長趨勢，於是手下有個馬仔發自肺腑地笑了。

這就是**司馬懿**，一個聽音樂會從來不敢坐前排的高智商男。

「空城計」這事雖然是虛構的，但司馬懿老謀深算這點倒是不假。

他趁三國亂燉的時候偷偷憋大招，然後忽然爆發把老東家——曹家控制了起來，成了幕後總導演。

司馬懿本來只是曹家的老臣之一，經常受到排擠，也不帶他玩，於是老頭子整天裝病。

有天趁別人都外出掃墓（老皇帝陵——高平陵）的時候，「臥病在床」的司馬懿忽然跳起來奪取政權，操縱了曹家皇帝。

這事叫**高平陵之變**，司馬一家從此強大了起來。

　　司馬懿死後，兒孫們更加如狼似虎，不但把蜀漢、東吳蕩平，還乾脆撕破臉，把曹家也趕了下來，自己當皇帝。所以你說曹、劉、孫三家圖了個啥，最後全打包送了司馬。

司馬懿其中一個兒子叫司馬昭，一見到曹家的皇位就流口水，甚至手滑弄死一個小皇帝，這就是**「司馬昭之心，路人皆知」**，最後他讓兒子當上了晉朝第一個皇帝。

晉朝建立

別人家的王朝統一亂世，都妥妥地休養生息，提高人民生活水平，可是晉朝，皇帝剛換了兩代，又吧唧一聲碎成了渣。原因不是別人，而是司馬自家人槓上了，從頭到尾主要有八個司馬親戚參與動亂，這就是晉朝第一件煩心事：

八王之亂

封建帝國，一個人坐龍椅，叫皇帝；
一堆親戚占著全國許多封地，叫王。

　　司馬家族很奇怪，別人是一家人坐一起玩牌，他們是一家人坐一起玩命，打仗專挑自家人，是一個用生命在相處的家庭。八個親戚扎堆❺鬧事，表面上挺鬧心，但其實也不複雜，核心人物就一個：

皇帝**司馬衷**

　　不過他不是主角，只是道具。

　　這個司馬衷的智商跟別人不一樣，特別低。

　　雖然整個家族都是神經病，但大家都想送上對弱智親戚的關心和愛護，順便搶奪他身邊的座位（可以掌權），或者直接搶皇位。

　　司馬衷最著名的事跡，當數上面這段對話，「最殘大腦」前三名，這種智商是咋當上皇帝的呢？

　　因為他也知道自己腦子沒別人好，但是勤能補拙，於是他非常努力地——

生了一個聰明的兒子……

　　老皇帝為了要讓這個孫子當皇帝，只能讓傻兒子在中間緩衝一下。

你智商低、無能，又沒常識，但我知道你是個好皇帝！

同時也是因為他這一代，好的都死了，沒的挑……

司馬衷的智商常常不在線，於是要處理點日常工作，還得靠他老婆幫個手，這位就是：精明的皇后**賈南風**。

歷史上這類智商高低配的組合不少，比如：

不過不要想多了，賈南風名字很詩意，長得也很失意。

這就給了賈南風摻和朝政的機會，她也成了八王之亂的導火線。
八王之亂分兩個階段：賈南風生前＆賈南風死後。

賈南風生前

歷史上喜歡干政的女人，大都聰明能幹，跟男人一樣當頂梁柱使，但柱子一下頂歪了，就變成了攪屎棍。

非常不幸，賈南風又是一個
活生生的例子。

賈南風發現要插手老公的事不太容易，總有些親戚不服氣，於是她聯合小叔子，用**謀反**這種萬能罪名掃清障礙。

最後故技重施，把小叔子當煙屁股掐掉了。

就這樣，兩個司馬率先被打倒。

賈南風順利干政，沒多久又表示不幸福：

太子（就是剛說的那個聰明兒子）不是自己的兒子，不爽，弄死吧。

一般來說，只有電視劇裡的皇后幹這種事，能活到最後一集，人家有編劇親賜的光環，妳一個晉朝普通皇后，這叫作大死。果不其然，這次玩大了，賈南風被又一個司馬親王衝上來，用一杯滿是金屑的酒灌死了。

賈南風死後

賈南風一死，你就發現，司馬家流行自產自銷，根本就是自家的基因出了問題，整個家族都是一場遊戲……

一場夢啊！

沒有賈南風，家裡照樣停不下來。

大家都覺得自己應該當皇帝，最次也得是個幕後主使，所以從灌死賈南風開始，不管誰坐到皇帝身邊，都有一票司馬飛奔過來拆臺。

　　一堆司馬爺叔兄弟都參與到爭奪大戰中，關鍵是，這一群司馬家的親戚，基本上都是脾氣比能力大、血壓比智商高。

　　一頓無腦血併的結果就是：

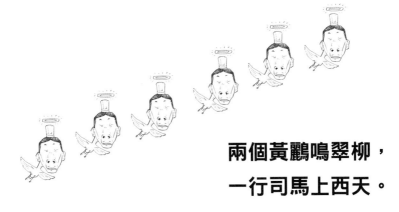

兩個黃鸝鳴翠柳，

一行司馬上西天。

打來打去的細節不用管，反正一口氣六個司馬爺頓時灰飛煙滅。

整個過程中，皇帝司馬衷做了什麼呢？

這就好比籃球場上打得火熱，
你問我：那個球做了什麼？

就做了個球哇！

被各種親戚以各種姿勢綁架，來者不拒，見者有份。

今天你綁我了嗎？

結果就這麼一個單純無辜的倒霉蛋，還是讓八王裡最後一個
王——**司馬越**給毒死了。

司馬越，算是皇帝的叔叔，他毒死皇帝之後又立了個新皇帝，從此大權在握，在八王之亂裡笑到了最後。

　　然後非常開心地跑出去跟人打仗，打不過，鬱悶病了，最後搶救無效，死了，八王之亂到此全部結束。

　　看到這裡暈了沒？沒事，混子哥最後掏個簡單粗暴的速成大招給你，看看哪些親戚是有史以來都靠不住的：

不靠譜親戚速查手冊（僅供參考）

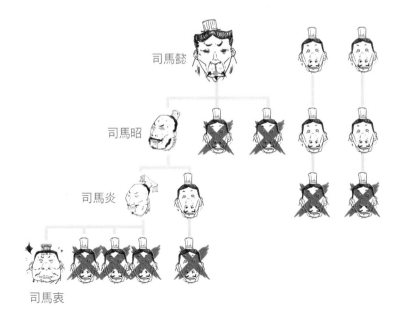

好了，造反的都死光了，能不能中場休息一下？

想什麼呢？剛說了司馬越出門打仗病死了，跟誰打仗呢？

八王之亂把剛剛統一的國家搞得雞飛狗跳，最後雖然也告平息，但是這麼久都沒人好好治理國家——

是不是總感覺要出大事了？

對了，中國史上最大動蕩馬上就到，敬請關注下章：

兩晉之五胡入華

十、兩晉之五胡入華

──管他原創還山寨，一樣死得都挺快

兩晉之五胡入華

真正偉大的朝代，都要先經過一個魔鬼訓練，西漢一開門，碰到**七國之亂**。

搞定之後，
華麗地變身大漢王朝。

西漢七國之亂，
跟西晉八王之亂類似，
七個親戚作亂。

而西晉，八王之亂沒蹚過，變成了敗家玩意兒。

八王之亂的大贏家司馬越，不但大權在握，而且重新立了個皇帝。接著跑出去跟人打架，死了，皇帝最後也讓人衝進來踹掉了。

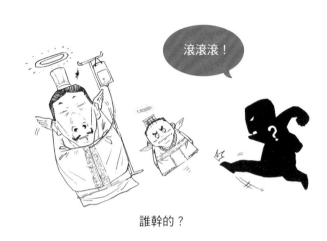

誰幹的？

司馬一家吃著火鍋掐著架 ❶，一些邊遠地區的少數民族趁機冒出來，司馬越和新皇帝就死在他們手上。

接著大家冒頭 ❷ 冒嗨了，變成一場很大的內遷，這些少數民族在當時常常被稱為胡人，這就是**五胡入華**。

皇帝都沒了，晉朝是不是滅了？

不，司馬家屬蚯蚓的，不管掐頭去尾，哪一段都能蹦躂 ❸。南方就有個叫**司馬睿**的，趕緊站出來說：

得得得得瑟！我司馬家還在！

你們休要猖狂！
豆包也是乾糧 ❹！

然後在南方（南京）重新建立了晉朝，史稱**東晉**。

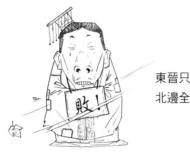

東晉只剩南方一半半，
北邊全被五胡接了盤。

所以這個時期，中國的歷史分南北兩半同時進行：

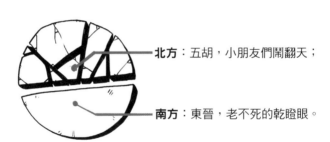

北方：五胡，小朋友們鬧翻天；

南方：東晉，老不死的乾瞪眼。

這期間北方先後建立了很多國家，但幾
乎全都是說沒就沒的路過黨。

咱們先說北邊：

五胡咋回事？

五胡，主要是指五個少數民族：

嘿，我是阿匈！
我又來了！

| 匈奴 | 羌 | 鮮卑 | 氐 | 羯 |

混子哥就知道你記不住！
來，跟我念：
匈奴 搶 鮮卑 的 姐

當年漢人住中原，胡人住外邊，後來慢慢地融合了進來。

五胡跟中原大致的位置關係。並不精確，只供快速理解。

哥，讓我們紅塵作伴活得瀟瀟灑灑！

比如匈奴，當年跟大漢打架沒打贏，就有一部分歸附了中原。

所以到了西晉，大街上目之所及都是胡人。

許多人住在一起，生活習慣、風土人情大不相同，還被朝廷管，氣氛很尷尬，最要命的是朝廷還不爭氣，司馬吭砸吭 ❺，於是各種造反、打皇帝、亂建各種國家，建完就互相火併。

拿得出手的先後有十六個國家，叫：

五胡十六國

溫馨提示：
「五胡十六國」更多指這個時代，國家全算下來有無數個，也不全是胡人建立的，很多太小太短命，幾年到幾十年，發育又不良，不好意思曬出來，所以我們不用糾結到底有多少國。

北方這些國家此消彼長，絕大多數時候情況一片混亂，但好在也不是沒有規律：

統一過兩次

於是我們首先要記住兩個國家：

前秦 & 北魏

所以整個北方五胡入華期間，天然地分成了兩個階段，它的整體形勢是這樣的：

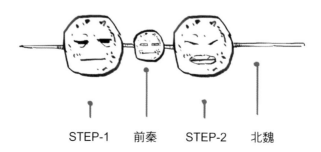

STEP-1　前秦　STEP-2　北魏

STEP-1：原創火併死得挺快

　　五胡國家很多，但第一階段基本上就**趙**、**秦**、**燕**、**涼**這幾個原創國家，之後大多都是跟它們有點關係的山寨貨，它們都是什麼關係呢？

老闆太智障！
我要單幹！

溫馨提示：
這裡我們不可能逐個介紹，只扒幾個重要的原創國家，以及它們形成的歷史大勢。

　　最先冒出來的國家有兩個，很好記，一個在成都，叫**成漢**；一個在山西，叫**前趙**，西晉皇帝就是它趕下來的。這兩個國家是五胡入華的頭炮 ❻ 。

前趙沒多久被小弟反了水，變成**後趙**，這個小弟叫**石勒**，本人很牛，結果被他姪子坑得透透的。

國際知名變態暴君——

石虎

這個暴君喜歡亂殺人就算了，還搜集全國的美女，有老公的也不放過。

後趙是一個超厲害的大國，但沒有用，沒多久同樣讓小弟反了水，亡了。

　　這個小弟叫**冉閔**，曾經是後趙的一個部門經理，就是他滅了後趙，建立了**冉魏**。

中間那個高的，
麻煩蹲低一點！

　　冉閔本事不小，可惜氣量不大，部門經理一步變總裁。
　　果然步子沒扎穩，才不過三年冉魏就沒了，因為他惹到了東北銀（人）──**前燕**。

前燕，鮮卑人在東北建立的國家，
創始人就是大名鼎鼎的**慕容氏**。

《天龍八部》裡一天到晚尋思
著要翻盤復國的心機男慕容復，
就是他們家的後代。

　　慕容眼看中原大亂，趕緊下來揩油，開門就碰上冉魏，不但殺
了冉閔，據說死前還鞭了冉閔三百下，什麼仇什麼怨！

　　說回到後趙，它被小弟再閔滅了之後，另一個小弟沒地方去，於是乾脆也自己創業，他叫**苻健**，一個不小心，就整了個 boss 級的國家出來：**前秦**。

　　混子曰：望子成龍。不光兒子，還有姪子。

　　石勒一世英名，被姪子石虎拿去餵了狗，而苻健的姪子，可能是五胡期間最英明的君主，號稱「天王」——**苻堅**。

　　苻堅消滅了大致並存的燕、涼（西北）等國家，第一次統一了北方，然後跟東晉進入著名的南北部總決賽——**淝水之戰**。

符堅出門自帶一百瓦的主角光環，前秦很有希望滅掉東晉，實現大一統，壞就壞在手下全是好演員。

本來說好的打仗時假裝撤退，趁對方過河，再攻其不備。

　　誰知道這些小嘍囉入戲太深，演糊塗了，真的拚命往後撤，結果陣腳大亂。

　　前秦這仗一敗塗地，跟**東晉**兩邊各回各家，各罵各媽❽。

　　於是局勢開始進入第二階段。

STEP-2：山寨何苦為難山寨

這個階段又冒出來一堆國家瞎折騰，但基本上都是之前**秦**、**燕**、**涼**的山寨版，國名都懶得取，於是**後秦**、**後燕**、**後涼**這種聽上去就沒前途的國家出現了。

故事是這樣的，前秦沒打贏東晉，苻堅很鬱悶，手下有個叫慕容的說：

哥你讓我回東北，我去喊人！

苻堅說：好哇，趕快！

可是慕容就是以前燕國的慕容家族，一家人不管活在現實 or 小說裡，就想著一件事啊！果然一回東北就攛掇著復國，建立了**後燕**。

苻堅派人過去收拾，沒打贏，非常鬱悶，對手下發飆：

逼得這傢伙也叛變，直接搞了個**後秦**出來對著幹。

就這樣，北方又開始了一輪分裂。

後秦、後燕、後涼這些國家本來就山寨氣質爆表，可是混子曰，山外有山，新冒出來的國家還在山寨人不倦。

然而「前、後」已經用過了，咋辦？麻將拿出來。

於是又冒出來**南燕、北燕、西燕、南涼、北涼、西涼、西秦**等。

山寨見山寨，來互相傷害！

大家都是山寨貨，王八盯綠豆，沒啥好說的，繼續打。

這其中有一個**胡夏王國**，在一堆山寨中顯得那樣地清新脫俗，創始人是匈奴人，從後秦跑出來單幹，很殘暴、沒人性，但名字很可愛，叫**劉勃勃**，他倒不山寨，而且很喜歡折騰名字。

為了讓自己聽起來拉風一點兒，跟天神赫赫相連，於是創造了**「赫連」**這個姓。

耳熟嗎？金庸小說裡有個叫赫連鐵樹的西夏高手，這個姓就打這兒來的。

聽起來老唬人了，結果名忘了改，還是很可愛。

溫馨提示：
所以第二階段的局勢沒什麼好說的，大家一
鍋亂燉。

　　接下來重點到了，但凡中原的亂世，常常都有一個躲在角落默
默憋大招的大人物，他們最後都變成亂世的終結者。

　　就像春秋戰國最西邊的秦國和五胡最北邊的——

北魏

這是個北到五胡十六國都沒把它算進去的國家，跟慕容一樣都是鮮卑族，當年還伺候過慕容。

但這絲毫不妨礙它一點一點掃清障礙，最後占領整個北方，變成扛把子❿。

於是，整個北方終於統一到了**北魏**的手裡。
中國歷史中，南北朝的**北朝**就從這裡開始。

暈了沒？暈了哥再給你捋一遍：

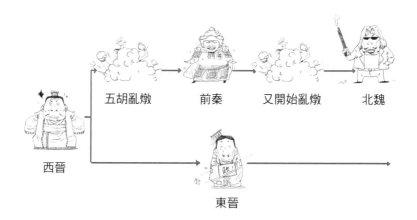

混子哥想說：

五胡入華從歷史長河來看，它讓各民族相互融合到了一起，有著積極深刻的意義。

南方呢？東晉這個老傢伙在幹嘛？

敬請關注下章：

兩晉之東晉真糾結

溫馨提示：

一、篇幅問題，本章只介紹比較重要的國家，對歷史進程影響不大的，如「涼」這種在西北跑龍套的，我們就不給上鏡了。

二、這些帶前、後、西、北、南等的國名，當時都不是這麼叫的，是後人便於區分加上去的。

三、帶「後」字的國家，只有後趙建立在淝水之戰前，其他都是淝水之戰之後建立的。

四、五胡各民族建立的國家，並不是單一民族國家，每個國家都包含了多種民族。

十一、兩晉之東晉真糾結

——史上最強敗家祕笈

兩晉之東晉真糾結

上一章五胡入華，訊息量估計給大家造成了些許心理陰影。

不過我們已經蹚過了中國歷史上最生猛的部分，跟它比起來，今天的內容簡單到就像是一次開書考──**東晉**。

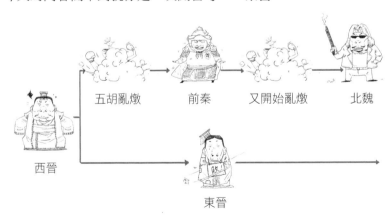

回到上章這張關係圖，東晉和五胡入華，是同時發生的兩段歷史。

我們先回到西晉，那個時候皇帝還在洛陽，但他有個親戚在南方分管江浙滬，已經踩點了好多年，這就是華東區總代理——**司馬睿**，東晉開國皇帝。

西晉滅亡之後，就是他趕緊跳出來建立了東晉。

對司馬睿本人來說，翻身一變變成總裁，賺翻了，但對於晉帝國，好比辛辛苦苦蓋了兩層小樓，忽然一群大漢衝進來把二樓搶了，還改成了分租房。

自己反倒被趕到樓下雜物間，丟臉丟得酣暢淋漓。

所以晉帝國可以說是被趕到南方的，隨著一塊來的，還有一坨坨北方的王公貴族，這叫**衣冠南渡**。

這事客觀地促進了南北方文化的交融。

但有一種人叫有錢人，有錢人多了就叫很煩人，這麼一大堆人組團南下，人家南方人招誰惹誰了？

自家場子經營多年，你們憑啥說來就來呀？

哦喲，你不是很厲害嗎？我們這邊沒有暖氣的，你吃得消嗎？

要你管！

如此種種，注定了東晉這個朝代無比糾結：

南北方土豪掐架、土豪草根掐架、想回北方和不想回北方的掐架⋯⋯

本來就滿滿一肚子負能量，對於自己被趕來南方這事，東晉雖然屜，也不能就這麼拉倒，沒事還得面朝北方，問候一下，挽回點面子。

東晉就這麼折騰了一個朝代，各種鬧心，幹啥啥不爽。

鬧心歸鬧心，東晉的歷史還是比較簡單的，這一點堪稱業界良心，因為就兩件事情反覆幹：

自家造反 & 北伐

　　　　　而且別人家的朝代，就像連續劇，
　　　　情節一環扣一環，東晉呢？

　　每篇不管好人壞人，統一發便當，乾乾脆脆進入下篇。

　　所以其實我們只要看幾段故事，東晉的歷史就差不多了。

東晉的經歷，就好比一個創業公司，一輩子沒幹別的，專注給大家總結創業經驗了：

下面有請東晉代表——司馬哥！

大家好，今天我要分享的主題是：

如何把公司培養出一種必死無疑的氣質

一、當員工出現遠大志向的時候,一定要竭盡所能地給予豬隊友般的支持

西晉最後幾年,胡人造反,把皇帝綁了票,司馬睿那時還是華東區經理,手下有個猛男叫祖逖,死活要去救駕。

> 大哥!你家親戚交給我了!

> 朋友,這是五百萬,麻煩你把票撕一下,不夠我再給你拿點來。

大寫的 ❶ 不懂事!

你大哥每天盼著人家撕票,自己好上位……

你卻要去救人!你那麼有志向,你咋不上天呢!於是司馬睿隨便撥了點泡麵、礦泉水什麼的,讓他自己招人去北伐。

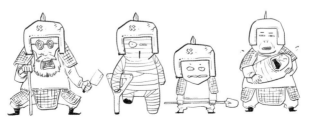

得不到上級祝福，北伐注定是一場扯犢子❷，虧得祖逖業務能力強，靠著邊角料兵力還差點反攻回去，可是後來實在打不動了，心很累，病死了。

歷史上這種只懂業務不懂職場的體能型員工，病死都算是最好的下場，不信你看人家岳飛⋯⋯

二、對能力強的員工，在思想上要發自肺腑地嫉妒，在行動上要積極主動地給予防守

職場如球場，強大的隊友比強大的對手討厭一○○八六倍。

司馬睿手下有對兄弟姓王，很有本事，地位極高，一個宰相叫**王導**，一個將軍叫**王敦**。

當年能在南方混得開，都靠這王家人幫忙撐場子，大家感情好到穿一條褲子。

這就是傳說中的「王與馬，共天下」。

可是為人小弟，自我修養第一條就是要低調，眼看這王敦翅膀硬了，司馬睿生怕他造反，安插了幾個眼線在他周圍隨時動手，被王敦發覺，反過來打了頓結實，還衝過來跟皇帝要說法，差點造反，史稱**王敦之亂**。可是劇情這麼緊張激烈，沒啥用，最後倆都病死了，本集完。

多嘴一句，哥哥王敦雖然跟皇帝鬧得不開心，但弟弟王導一直忠心耿耿，所以繼續當宰相，未受牽連。

三、要深入了解員工的能力，他擅長什麼，偏不讓他做什麼

這個階段的宰相是皇帝舅舅，叫**庾亮**，把持著朝政，不知怎地腦子進了點水，讓打仗的將軍**蘇峻**去管理農業生產情況。

你有意見嗎？

這就好比蒙哥馬利 ❸ 三下鄉，研究土豬養殖技術，專業不對口 ❹ 啊，比讓學寫程式的去修電腦還不對口啊！

於是蘇峻帶兵造反，直接衝到朝廷裡來上訪 ❺，嚇得庾亮吭哧吭哧逃跑。

意見很大！

最後呢，將軍不爭氣地讓人幹死了，庾亮也不好意思繼續在宮裡混，出去當官了，本集完。

四、要深入學習牛皮糖精神，安於現狀，哪裡舒服就黏在哪裡

有個很了不得的將軍叫**桓溫**，一直想著打回北方去，吭哧吭哧地北伐了三次，幾乎全打了水漂。

記得〈五胡入華〉裡成都的**成漢**嗎？就是被桓溫滅掉收復回東晉的。

其實有一次是成功的，好不容易打到了故都洛陽，渾身激動，招呼大家趕緊回家吃飯，結果你猜——

土豪們在南方待舒坦了，不想回了！大家都不回你能怎麼辦？就這樣生生把占領的洛陽又丟了回去。

桓溫非常生氣，揚言要暴走，然後暴了個病，走了，本集完。

桓溫是個名將，但不算個忠臣，他積極北伐的目的其實是樹立個人威信，好跟皇帝叫板 ❻ 。

他最著名的一句臺詞是：

「一個人若不能流芳百世，那就應該遺臭萬年。」

這句話流傳到了今天。

五、偶爾來點狗屎運，讓公司爬得更高，好摔得更慘

著名的淝水之戰，〈五胡入華〉的時候我們講過。

這裡講東晉這邊，對東晉來說，這次真是限量版狗屎運，當時東晉掌櫃的是宰相**謝安**。

前秦**苻堅**　　VS　　東晉**謝安**

這個謝安，是個心理素質很強的人，翻譯成中文就是：

自大狂

他可以不分時間、地點、場合地妄自尊大，全年無休。前秦氣勢洶洶殺過來的時候，他居然在跟人下棋，十分淡定。

傳球哇！你快點傳邊線啊！

大人！殺……殺過來了！

　　大家都以為他在憋大招，其實根本不是！連大條都沒有！結果就在這個時候，謝安積攢了八輩子的大運忽然熠熠生輝——苻堅竟然自己把自己玩壞了！

（此處劇情請見上章〈兩晉之五胡入華〉）

　　東晉莫名其妙大獲全勝，這天降的狗屎運，沒誰了。

哎我的上帝啊！
你也跑偏了？

　　於是乎，謝安就更自大了，東晉也腦補自己更厲害了。
　　但是這種假象也成為晉王朝最後的狂歡。

這裡的謝家和之前提到的王家，是晉朝了不得的老牌大家族，「舊時**王謝**堂前燕」指的就是這兩家。男神王羲之也是這個王家的。

　　如果以上五條你都能認真做到，那麼你的公司基本上就死定了！但如果仍然不放心：萬一還是死不了怎麼辦？

六、如果條件允許，給公司配一個無腦董事長＋一對奇葩父子 高管，增強版作死三件套

只有想不到，沒有死不了。

晉朝有個優點：有始有終。西晉有白痴皇帝司馬衷智商下線，東晉不服氣，也要來個智障皇帝**司馬德宗**。

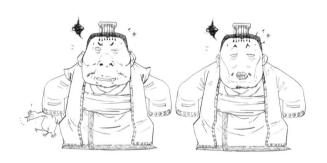

如果說司馬衷智商為零度，司馬德宗大概是絕對零度。

於是權力不得不交給宰相**司馬道子**。老頭子是個酒鬼，估計當年酒後沒啥事，說生個兒子玩玩吧，結果弄出來個敗家子**司馬元顯**。司馬元顯竟然趁著有一次老爸喝醉了，把他趕下來自己當官，然後爺倆每天抬槓。

這種獨闢蹊徑的新概念敗家術，上下五千年，沒人玩過。

接著兒子跑出去跟人打仗，攤上大事了：他惹誰不好，惹了北伐名將桓溫的兒子**桓玄**。

兩個人對對碰，一個爹是將軍型，一個爹是醬香型，你說誰會贏？

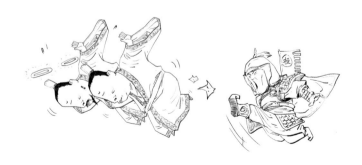

最後桓玄把司馬元顯連帶司馬道子爺倆一塊弄死了。

這個故事告訴我們：

喝酒不開車，

開車不喝酒！

做完司馬道子父子，桓玄立即把白痴皇帝司馬德宗趕下來，自己當皇帝，結果前腳上位，後腳就被人趕了下來。

這人不但搞定了桓玄，手一滑連整個東晉也滅掉了，他就是晉帝國的終結者——**劉裕**。

從此中國的南方開啟一個新的朝代，史稱**南朝**。

劉裕又一次延續了劉姓開國皇帝全部是草根的傳統。

西漢**劉邦**
社會青年

東漢**劉秀**
造反分子

蜀漢**劉備**
賣拖鞋的

幾乎與此同時，北方五胡十六國被北魏統一，史稱**北朝**。

十二、兩晉之魏晉奇葩說

──唬爛王、酒鬼、藥罐子，有完沒完！

兩晉之魏晉奇葩說

我們之前非常嚴肅地介紹了魏晉的歷史。

今天來開心一下，整點八卦。

為啥要八卦魏晉時代？

因為這個時代的風氣很特別，大家都視國家大事如浮雲，深居桃源裡，寫字畫畫詩情畫意。

所以魏晉國力不咋的，文人騷客特別多，屬於全民文藝時代，有些人因為走文藝路線過了頭，走了火，變成了奇葩。

於是中國上下五千年，奇葩全集中在魏晉時代了，花色全、品質純，各有各的精采。

魏晉人士的奇葩和另類，在歷史上是出了名的，咱們隨便挑幾個魏晉特色來八一八。

我也不知道為什麼，
我一說我是晉朝來的，
她們就都把燈滅了。

一、清談

認真你就輸了

　　清談，魏晉文化第一大標籤，也是人們聚會的首選娛樂項目，這事兒說好聽了叫清談，翻譯成中文，就是：

　　清談是三國末期流行起來的風氣，前面說過，司馬家薅了老曹家政權，自己也覺得不好意思，像拔了毛的雞一樣敏感又脆弱，老怕人背後說閒話。

　　所以見到誰談論政治或者只要有一點關係，司馬氏就覺得：哎朋友，說我呢？

於是大家都不敢聊正事了，一言不合就開始瞎扯，專挑沒啥用的話題爭辯，誰說的話最沒有用誰就贏了，這就叫**清談**。

本來早期的清談，是為了躲避政治迫害，實屬無奈，可是到了後來，大家扯上癮了，變成了一種社會風氣、社交利器：一個不談世俗的人，才是脫離低級趣味的高雅的人。

於是大家比賽誰更能扯，當時的名流們都非常迷戀清談，隔三岔五還要攢個局華山論劍，文化人聚眾打辯論，打累了換個風繼續打。

不賭博不瞎混，只要嗙啵 ❶ 嘴一張；
不耗油不耗電，通宵只用一碗麵。

純綠色無汙染，比三國殺 ❷ 還環保。

清談前　　　　　　　　　清談後

有個清談的祖宗叫**王弼**，據說瞎扯的等級已經練滿了，達到了唯我獨尊的境界。無敵是多麼寂寞，於是吃飽了沒事幹自己跟自己對談，當完正方當反方，還都能對上話。

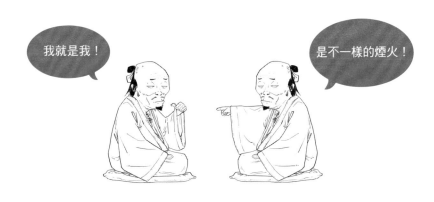

當你絮絮叨叨一堆，旁人都不知道你在說啥，這種高深脫俗就是清談的最高境界。

最要命的是，清談能力居然和仕途前程直接掛鉤，全民有組織有紀律地奉旨清談，你說奇葩不？

別人家的孩子，
早上五點爬起來扯犢子！
就妳光知道學習！

所謂「清談誤國」就這麼來的。
所以少講大話，多學習才是王道。

二、喝酒

喝完這杯，還有三杯

魏晉時候的人沒啥正事幹，只能找酒喝。

一出門滿大街酒鬼隨機碰撞，整條街都在做布朗運動❸。

國家空氣品質指數長年保持五十八的目標。

比如有名的男子偶像天團**竹林七 BOY**，個個都是喝酒小能手，號稱「七宗醉」。

但是在他們之中，最愛喝酒的，就要數劉伶了，撒泡尿都是醬香型。

據說他出門旅遊都得帶好多酒，還讓僕人拿著鏟子跟著他，萬一他在路上喝死了，就直接給他就地埋了。

還有一次，劉伶當地方官的時候，上著班就在辦公室裡喝醉了，衣服脫個精光，客人進來，他也不害臊。

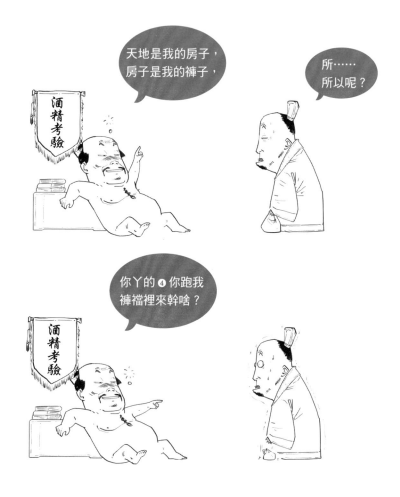

喝酒是交友必備，但一定要掌握度 ❺ 。

三、吃藥

根本停不下！

魏晉時代有一種藥在名人中間很流行，叫做「五石散」。

五石散本來是治傷寒的，吃完渾身發熱、心智迷亂……就算是當年的大麻吧。

於是一群人聚在一起清談，扯犢子扯累了就紛紛掏出隨身攜帶的五石散來團嗨，是居家旅行必備良藥。

因為吃了五石散渾身燥熱，所以必須要出去兜兜風，這就是「散步」一詞的由來。

　　是藥三分毒，這種藥就更厲害了，吃多了身體就垮了。西晉時候有個大帥哥叫何晏，可以說是吃藥發燒友，就因為吃藥吃太多，變成了一個醜八怪。

吃藥前

吃藥後

不過這個五石散比較貴，一般人家根本吃不起，所以只在貴族間流行，這才沒有像後來的鴉片一樣禍害那麼大。

四、看臉

別絕望，世界一直都這麼殘酷

還是之前說的，魏晉時代，人們不談國家大事，只能關注些沒什麼深度的事情，比如**顏值**。

在那個時代，顏值非常重要，長得好看就有一大把粉絲圍著你轉，如果再有點兒才華，簡直就是尤物。不過如果不幸長得很醜，後天的努力全打水漂，不行！大後天也不行！

舉個例子，有個成語叫**「貌勝潘安」**。

潘安就是那時候的國民老公，長得巨帥，抖抖掉一地渣，每次上街的時候都有一票女粉絲尖叫吶喊：

　　而有個叫左思的大作家，才華很爆表、長相很抱歉，可是又羨慕嫉妒潘安，想學人漲粉 ❼，於是也跑去遊街，結果……

長得醜的人生就沒有出路嗎？

當然不是！

長得帥也可能死得很慘！

比如西晉還有個美男叫**衛玠**，帥得隔壁尼姑都要翻牆來看他，圈裡朋友都稱他「佛跳牆」，那具體帥到啥程度呢？

他被自己帥死了。

故事是這樣的，西晉那些年北方總打仗，他就跑南京去避難，這個衛玠長得實在太帥了，所以他一到南京⋯⋯

好傢伙！全城的人都跑出來看他⋯⋯

可憐這位衛玠本來身體就不好，這一路奔波又累成了狗，現在天天被這麼一群人圍觀騷擾，老少咸宜，最後小心臟實在吃不消，竟然被活活看死了，那一年他才二十七歲。

有個成語叫**看殺衛玠**，就是這麼來的。

好了，魏晉文化大概就扯這些吧。

評價「魏晉風流」這一段文化，是個有爭議的話題，有說它超凡脫俗，有說它太跳脫。魏晉確實是中華文化發展的一個高峰，陶淵明、王羲之這樣的男神就是最好的證據，但這很大程度上也正是源於人們對於現實的失望和逃避，文化發展過了頭，就容易變味，所以對於這事，我們還得一分為二地看待。咱們這裡只是列舉了一些有趣的事給大家開心開心，有興趣的話，可以去看**《世說新語》**，又名**《魏晉奇葩說》**。

第二部就先扯到這裡。
敬請關注：

《半小時漫畫中國史 3》

有看有懂 ・ 詞語小教室

一、大漢王朝之西漢流水帳——這是個存錢 & 還債的 故事

1 掰扯：這裡是分析、辨析的意思。
2 捋：這裡音「呂」，指用手指順著抹過去，使物體平順、光溜， 引申有整理的意思。
3 憋屈：指委屈、氣悶難受的感覺。
4 踩點：到準備進行活動或工作的地方了解情況。
5 點讚：原指在網路社群媒體按讚，引申為贊同、讚揚或喜愛某 件事情。
6 死磕：指和某人或是某事作對到底。
7 噌噌：擬聲詞，行動快速的聲音。
8 畫外音：電影或電視畫面外的人或物所發出的聲音，多做補充 說明或提示之用。
9 靦：指厚顏、不知羞恥。
10 嘮：指談天、閒聊。

二、大漢王朝之王莽篡漢——集復古 & 革新於一身的 作死大師

1 不招待見：不惹人喜歡。待見，喜歡、把對方當回事之意。
2 五好：指學習好、思想好、工作好、紀律好、作風好。
3 三觀：指人生觀、世界觀、價值觀。

4 劈叉：指劈腿。

5 朋友圈：指網路社群平臺的分享互動。

6 小龍蝦：指看到朋友在社群媒體分享美食照，就會讓人忍不住也想去買來吃的意思。

7 玩脫：指玩得過分了。

8 打下手：指擔任助手，從事輔助工作。

9 老：非常。

10 大兄弟：對年齡比自己小的男性表示親切的稱呼。

11 倒騰：調動或改變。

12 蘿蔔章：字面上的意思是用蘿蔔做的章，引申為不用正當材料做的章，也就是假章。

13 作死：自尋死路、找死。

14 反水：有反悔、跳槽、叛變等意。

15 歐了：表示沒問題（ok）、收到（over）的意思。

三、大漢王朝之東漢故事 —— 西漢續集 or 三國前傳？

1 分分鐘：表示瞬間的意思。

2 拐點：泛指事物發展的趨勢開始產生重大改變的地方。

3 牛人：指非常厲害的人。

4 不對付：不對盤，彼此看不順眼。

四、大漢王朝之西域篇 —— 不是打人就是在被打途中

1 八一八：八卦一下的意思。

2　倒霉催：如同字面上的意義，形容倒霉得催人淚下，或說被倒
　　霉追著跑，就是非常倒霉的意思。

3　談資：閒談的資料，多指能引發人們談論興趣的事情。

4　歡：活躍、帶勁的意思。

5　得瑟：得意、囂張、放肆的意思。

6　刺兒頭：遇事挑剔、刁難，指不好對付的人。

7　片區：指區域範圍。

8　點背：指運氣不好、倒霉。

9　找抽：找打、欠虐。

10　散架：指東西的骨架散開。

11　心跳：字面上的意思是心跳加速，借指刺激、冒險的活動。

12　熊：懦弱、無能。

五、三國之前戲要做足──男神大賣場開市囉！

1　爛大街：滿大街都可以看到，或是大家都在用、都知道，有很
　　俗氣的意思。

2　吃嘛嘛香：意思是吃什麼，什麼都香。

3　花樣：花式的意思。

4　管上：撲克牌用語，意指牌面較大，能出牌管住對方。

5　BIU：擬聲詞，表示發射槍砲或箭矢時的聲音。

6　侃大山：閒聊的意思。

7　馬仔：大哥手下的小弟。

8　二貨：指愚笨、不動腦筋的人。

9　大王：指撲克牌中的彩色鬼牌（joker）。

10 擼串：吃燒烤的意思。

11 杠杠地：非常好的意思。

六、三國之三大戰役（上）——誰人燒的烏巢？哪裡來的東風？

1 有木有：「有沒有」的諧音。

2 高管：高級管理人員。

3 蔫：音「ㄋㄧㄢ」，精神萎靡不振。

4 薅：音「蒿」，泛指拔掉。

5 黃了：形容事情失敗或計畫無法實現。

6 歇菜：本義是打住、停住的意思，後引申指完蛋、沒戲唱、下臺等。

7 吭哧：擬聲詞，指呼吸重濁的聲音。

七、三國之三大戰役（下）——男神大走鐘，鮮肉變燻腸

1 敞亮：這裡指做事、為人大方。

2 錘子：這裡是罵人笨蛋的意思。

3 山炮：罵人傻瓜、笨蛋或是頭腦簡單等意思。

4 方腦殼：罵人死腦筋、笨蛋等意思。

5 大佬：幫會或團體內的首領，就是老大。

八、三國之哪兒來的東風 ── 如果那個冬夜，東風不來……

1 起開：讓開。
2 賊：十分、非常。
3 凍成了狗：凍得受不了。後面的「熱成了狗」和「爽成狗」等都是一樣的用法。
4 吧唧：擬聲詞，模擬雙脣開閉的聲音。

九、兩晉之西晉有點亂 ── 臥底＋敗家，是不是感覺要出事了？

1 走你：意指衝啊、上啊等。
2 鬧心：形容心裡慌亂或煩悶。
3 嘮個十塊錢：就是閒聊的意思。
4 不著四六：指不成材，或做事亂七八糟、毫無章法等。
5 扎堆：指許多人湊在一起。

十、兩晉之五胡入華 ── 管他原創還山寨，一樣死得都挺快

1 掐著架：指不停地打架、吵架。
2 冒頭：出頭。
3 蹦躂：蹦蹦跳跳地。躂，音「踏」。
4 豆包也是乾糧：意思是無論外表再怎麼不起眼，也有其用武之地。

5 司馬吭砸吭：吭，形容敲擊震動的聲音。這句話在這裡的意思是司馬家打司馬家，也就是司馬家內鬥的意思。

6 頭炮：打出第一發炮彈，比喻帶頭的意思。

7 嗷嗷：這裡是特別、非常的意思。

8 各回各家，各罵各媽：兩句都是指各自回家的意思。

9 屄：音「ㄙㄨㄥˇ」，譏笑人軟弱無能。

10 扛把子：常寫做「扛霸子」，指一個團體的老大。

十一、兩晉之東晉真糾結——想知道怎樣敗掉一家公司，看這就對了

1 大寫的：指特別、非常的意思。

2 扯犢子：扯淡的意思。

3 蒙哥馬利：指第二次世界大戰時，英國知名的陸軍指揮官 Bernard Law Montgomery，曾率軍擊敗德軍名將「沙漠之狐」隆美爾（Erwin Johannes Eugen Rommel）。

4 對口：指雙方在工作內容和性質能相一致。

5 上訪：指人民到上級機關反映問題並要求解決的行為。

6 叫板：這裡指向對方叫陣、挑釁。

十二、兩晉之魏晉奇葩說——唬爛王、酒鬼、藥罐子，有完沒完！

1 嘚啵：言語瑣碎絮叨。

2 三國殺：一種紙牌遊戲。

3　布朗運動：微小顆粒在流體中所做連續快速且不規則的運動。

4　你丫的：罵人的口頭禪。

5　度：範圍、程度的意思。

6　猴子：「孩子」的諧音。

7　漲粉：使粉絲增加。

圓神出版事業機構　究竟出版社 Athena Press

www.booklife.com.tw　　　　　　　reader@mail.eurasian.com.tw

歷史 069

半小時漫畫中國史2——兩漢魏晉很有事

作　　者／陳磊（二混子）
發 行 人／簡志忠
出 版 者／究竟出版社股份有限公司
地　　址／台北市南京東路四段50號6樓之1
電　　話／（02）2579-6600・2579-8800・2570-3939
傳　　真／（02）2579-0338・2577-3220・2570-3636
總 編 輯／陳秋月
副總編輯／賴良珠
責任編輯／蔡忠穎
校　　對／蔡忠穎・林雅萩
美術編輯／李家宜
行銷企畫／詹怡慧・陳禹伶
印務統籌／劉鳳剛・高榮祥
監　　印／高榮祥
排　　版／莊寶鈴
經 銷 商／叩應股份有限公司
郵撥帳號／18707239
法律顧問／圓神出版事業機構法律顧問　蕭雄淋律師
印　　刷／龍岡數位文化股份有限公司
2019年1月　初版
2024年3月　5刷

原書名：《半小時漫畫中國史》（第二集）
作者：陳磊（二混子）
本書中文繁體版由上海讀客圖書有限公司經光磊國際版權經紀有限公司授權
究竟出版社股份有限公司在全球（不包括中國大陸，包括臺灣、香港、澳門）
獨家出版、發行。

定價 320 元　　　　　ISBN 978-986-137-265-5　　　　版權所有・翻印必究

◎本書如有缺頁、破損、裝訂錯誤，請寄回本公司調換　　Printed in Taiwan

我絕無意否定我們的歷史課教育，

它普適、嚴謹，對於大眾基礎教育來說，已經做得夠好了。

我只是在想，能不能做到更好？

如果跳出課堂，歷史會變成什麼樣？還會這麼高冷嗎？

——陳磊（二混子），「半小時漫畫中國史」系列〈總序〉

◆ **很喜歡這本書，很想要分享**

圓神書活網線上提供團購優惠，
或洽讀者服務部 02-2579-6600。

◆ **美好生活的提案家，期待為您服務**

圓神書活網 www.Booklife.com.tw
非會員歡迎體驗優惠，會員獨享累計福利！

國家圖書館出版品預行編目資料

半小時漫畫中國史2：兩漢魏晉很有事／陳磊　著.-- 初版. -- 臺北市：究
竟，2019.01
　　272 面；14.8×20.8公分 --（歷史：69）

　　ISBN 978-986-137-265-5（平裝）
　　1.中國史　2.通俗史話　3.漫畫
610.9　　　　　　　　　　　　　　　　　　　　　　　　107020512